Le guide des stations de ski des Alpes

Le guide des stations de ski des Alpes

Édition 2025

Aurélien Antoine

Alti-Mag

© 2024 Aurélien Antoine
Édition : BoD · Books on Demand GmbH, In de Tarpen 42,
22848 Norderstedt (Allemagne)
Impression : Libri Plureos GmbH, Friedensallee 273, 22763
Hamburg (Allemagne)
ISBN : 978-2-3225-4016-7
Dépôt légal : Octobre 2024

SOMMAIRE

// LES 184 STATIONS DE SKI DES ALPES

// LA GRANDE HISTOIRE DES STATION DE SKI

// ALPES DU NORD OU ALPES DU SUD ?

// LES DIFFÉRENTS TYPES DE STATIONS DE SKI

// LES NOUVEAUTÉS 2024-2025

// ET SANS NEIGE ?

// QUE FAIRE SI ON NE SKIE PAS ?

// SKIER PLUS GREEN

// NOS COUPS DE COEUR

// NOTRE SELECTION D'ADRESSES

// NOS CONSEILS POUR BIEN PREPARER SON SEJOUR

// LIENS UTILES ET RESSOURCES

INTRODUCTION
UNE APPARENTE STANDARDITÉ

De Thollon-les-Mémises, tout au nord, à Gréolières-les-Neiges, tout au sud, on compte près de 200 stations de ski dans les Alpes. Certaines totalisent plus de 50 000 « lits touristiques », tandis que d'autres ne sont que de simples stades de neige.

Derrière une apparente uniformité, avec ces grands chalets-résidences construits depuis les années 80, se cachent en réalité des stations très variées :

- des villages de tailles diverses,
- des stations d'altitude,
- des sites nature,
- ou encore de véritables villes à la montagne.

Cette année, comme depuis une dizaine d'années, de nouveaux hôtels de luxe ouvrent dans les Alpes, ainsi que des résidences ; les domaines se modernisent et les prix augmentent. Il faudra désormais débourser en moyenne 52 € par journée de ski. Toutefois, le ski reste accessible à ceux qui cherchent une autre manière de profiter de la montagne…

Ce guide a pour vocation de vous aider à mieux comprendre ce territoire, ses pépites et ses spécificités, afin, nous l'espérons, de vous permettre d'organiser vos meilleures vacances.

Aurélien Antoine
Créateur et rédacteur d'Alti-Mag

184 STATIONS DE SKI DANS LES ALPES
L'INFOGRAPHIE

==65% des stations françaises sont dans les Alpes, principalement en Savoie et Haute-Savoie==

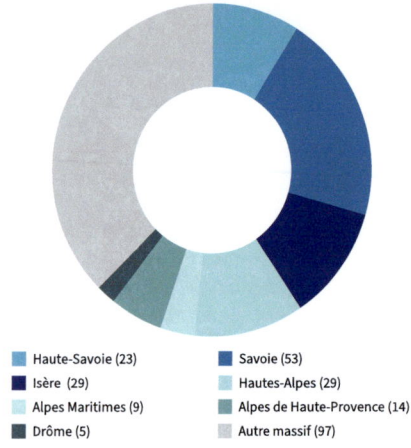

- Haute-Savoie (23)
- Isère (29)
- Alpes Maritimes (9)
- Drôme (5)
- Savoie (53)
- Hautes-Alpes (29)
- Alpes de Haute-Provence (14)
- Autre massif (97)

1443 habitants

C'est le nombre d'habitants en moyenne en stations de ski, ==largement porté par les grosses communes résidentielles des Alpes du Nord==

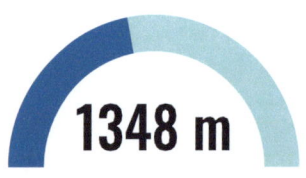

1348 m

C'est l'altitude moyenne des ==stations des Alpes (1270 m dans les Alpes du Nord et 1524 m dans les Alpes du Sud)==

En haut 1292 m
En bas   2168 m

75 pistes en moyenne par domaine

5 jours de neige en moins tous les 10 ans en moyenne montagne

C'est le constat de Météo France au col de Porte, en ==Chartreuse (1325 m) où des relevés sont effectués depuis les années 1960.==

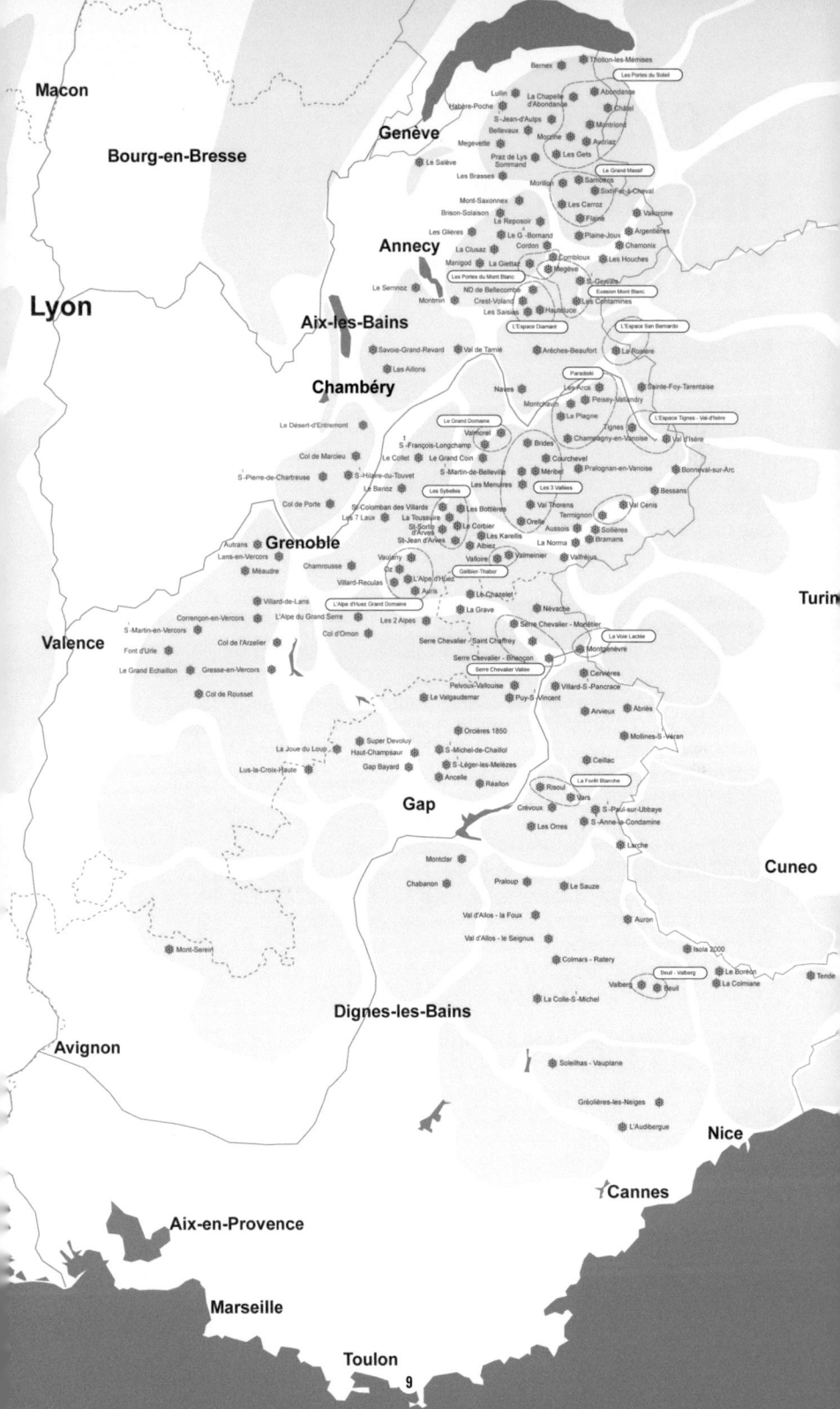

LA GRANDE HISTOIRE DES STATIONS DE SKI

LES 4 GÉNÉRATIONS

L'histoire des stations de ski suit celle du développement du tourisme en France et prend véritablement son essor après-guerre. Si le tourisme alpin commence tout d'abord à Chamonix et dans certains villages, il s'agit au départ d'un tourisme estival. Toutefois, après la Seconde Guerre mondiale et jusqu'à aujourd'hui, l'État jouera un rôle omniprésent, considérant le ski comme un enjeu économique majeur.

Aux origines était le village
Au début du XXe siècle, les premières compétitions de ski voient le jour. La glisse devient rapidement un loisir bourgeois, pratiqué par les Anglais, les Suisses, les Autrichiens, les Norvégiens et quelques militaires. Ces derniers se retrouvent pour des compétitions dans les Alpes. Les premières stations françaises se développent alors : Chamonix, Megève, La Clusaz, Serre Chevalier et Morzine, notamment. Les stations se construisent à des altitudes modestes et autour des villages.

Courchevel : première station en site propre
En 1948, changement de braquet : le département de la Savoie décide de créer une station de toutes pièces, en altitude, sur la commune de Saint-Bon-en-Tarentaise. Ce sera Courchevel. Des ingénieurs et architectes y inventent un nouveau modèle de station rationnelle avec son front de neige, sorte de place du village skiable, et ses logements skis aux pieds.

La Plagne ou le modèle de la station intégrée
En 1963, avec la création de La Plagne, une nouvelle conception, plus libérale, de la station voit le jour. Véritable paquebot des neiges, son architecture illustre la pensée moderne appliquée au tourisme en montagne. Elle se veut fonctionnelle, rationnelle et utile. C'est la station dite « intégrée », conçue pour un touriste standardisé. On y retrouve de petits appartements principalement destinés au temps de sommeil, de grands bâtiments répartissant la circulation automobile au nord et le front de neige au sud. Au rez-de-chaussée des bâtiments, une galerie commerciale fait office de rue centrale de la station, protégée des intempéries.

Ici, la puissance publique viabilise les terrains, construit les routes et confie à un promoteur l'aménagement des immeubles et du domaine skiable.

Aime 2000 et Belle Plagne

Le Plan Neige : les années folles de l'aménagement
De 1963 à 1977, La Plagne devient le modèle pour la création de stations dans les Alpes. Avec son Plan Neige, l'État français crée 350 000 nouveaux lits touristiques en altitude dans une quinzaine de stations. L'enjeu : attirer une clientèle aisée pour pallier l'exode rural et faire de la France une destination leader dans le tourisme de neige. Pari réussi avec la création des plus grandes stations actuelles : La Plagne, Avoriaz, Isola 2000, Valmorel, Les Menuires, Val Thorens, Méribel, Flaine, Les 7 Laux… Des stations cependant vite critiquées pour leur architecture imposante.

Le discours de Vallouise et la fin de l'autoritarisme
À la fin des années 1970, les critiques se multiplient contre les stations du Plan Neige, souvent créées par autorité de l'État et sans concertation avec les populations locales. La sensibilité environnementale grandissant, en 1977, Valéry Giscard d'Estaing, alors président, met fin au Plan Neige lors du discours de Vallouise. Il proclame la spécificité de la montagne, interdit les stations en site propre et introduit des autorisations d'aménagement, prémices de la loi Montagne de 1985.

Les résidences de tourisme : une présence de l'État sans contrôle
Toutefois, l'État ne se désengage pas totalement de la montagne. D'aménageur, il devient facilitateur d'investissement, en incitant les petits épargnants à financer les résidences de tourisme via des mesures de défiscalisation. Les stations s'étendent désormais vers leurs périphéries avec des chalets à l'architecture souvent standardisée, offrant des prestations de plus en plus haut de gamme.

ALPES DU NORD OU ALPES DU SUD ?

SOLEIL OU NEIGE ?

Au nord, la neige, et au sud, le soleil ? C'est en résumé ce qui pourrait distinguer les Alpes du Nord et les Alpes du Sud. Mais si cette distinction fait plutôt consensus, la réalité est un peu plus nuancée. Ces dernières années, marquées par des hivers doux, ont notamment mis en avant les Hautes-Alpes, moins exposées aux flux d'ouest doux...

Où placer la limite ?

Les Alpes du Sud correspondent essentiellement à la partie méridionale des Alpes françaises, couvrant le bassin versant de la Durance, de la Drôme et du Var. Il s'agit d'une distinction à la fois paysagère et climatique, caractérisée par un meilleur ensoleillement et une sécheresse plus prononcée, surtout en été.

Les principaux points de passage entre les Alpes du Nord et les Alpes du Sud sont les cols de Rousset, de Lus-la-Croix-Haute, le col Bayard et le col du Galibier. À quelques kilomètres près, le contraste peut parfois être frappant entre un versant et l'autre de ces points. Plus qu'une ligne nette, la limite entre les Alpes du Nord et les Alpes du Sud correspond toutefois à une zone de transition plus ou moins large selon les secteurs.

Quel climat du nord au sud ?

Si, à l'origine, on observait un gradient d'enneigement descendant du nord au sud des Alpes, le réchauffement climatique a légèrement rebattu les cartes ces dernières années. Au nord, en Haute-Savoie, la limite pluie-neige remonte, tandis qu'au sud-est, les retours d'est apportent parfois un enneigement conséquent.

Finalement, bien que le meilleur enneigement se retrouve souvent dans les stations d'altitude des Alpes du Nord, celles des Hautes-Alpes tirent régulièrement leur épingle du jeu, protégées des flux d'ouest doux qui dégradent parfois le manteau neigeux jusqu'à 2000 mètres dans le nord des Alpes.

Entre les Alpes du Nord et les Alpes du Sud, la Haute-Maurienne et les stations du nord des Hautes-Alpes offrent souvent un enneigement tout à fait correct, associé à un ensoleillement supérieur à la moyenne. Ce sont notamment les stations de Val Cenis, Montgenèvre, Serre Chevalier, Orcières-Merlette et Vars.

LES DIFFERENTS TYPES DE STATIONS

VILLAGE OU ALTITUDE ?

Ski alpin, ski de fond, station village ou station d'altitude, station de luxe ou station "pas chère" ? Dans les Alpes, il existe de nombreux types de stations de ski, adaptées à toutes les envies. Voici les principales catégories.

Ski de fond ou ski alpin ?

Êtes-vous plutôt sportif ou contemplatif ? Dans les Alpes, on pratique deux types de ski : le ski de descente, aussi appelé ski alpin, et un ski itinérant et sportif, appelé ski de fond. Toutes les stations ne proposent pas les deux, et le ski alpin domine clairement l'offre. Plus coûteux, c'est aussi lui qui attire la majorité des vacanciers.

Voici comment les différencier :
- Le ski alpin est un ski de descente qui se pratique sur des pistes damées, donc lisses, après une montée en télésiège par exemple.
- Le ski de fond se pratique sur des reliefs plus plats, en utilisant uniquement la force de ses muscles. On avance en pas de patineur ou en alternatif (dans des rails).

En général, une sortie en ski de fond dure environ 2 heures, tandis qu'une sortie en ski alpin occupe généralement une journée ou une demi-journée. Certaines stations proposent les deux pratiques, comme Les Saisies, Bonneval-sur-Arc, Chamrousse, L'Alpe d'Huez, La Clusaz, Le Grand-Bornand et Les Contamines.

Village ou altitude ?

Si vous faites du ski, vous le savez probablement : le charme se trouve dans les villages, mais la neige se trouve plus haut, dans les stations d'altitude. Les villages d'altitude, qui conjuguent charme et neige, sont assez rares : Bonneval-sur-Arc, Pralognan-la-Vanoise, Montgenèvre, Serre Chevalier et Val d'Isère en sont quelques exemples.

Lorsque vous partez au ski, il vous faudra donc choisir entre une certaine authenticité (mais avec un risque concernant l'enneigement) et une garantie neige (mais avec un urbanisme plus massif). Bien sûr, les stations intégrées ont aussi leur charme, et certaines sont très prisées. Par exemple, Les Arcs, Flaine et Avoriaz ont été dessinées par des figures de l'architecture. Nous y reviendrons.

Le hameau de l'Écot à Bonneval-sur-Arc

LES PLUS BELLES STATIONS VILLAGE

Si vous aimez les ambiances villageoises et les rues commerçantes, si vous aimez vous perdre dans des ruelles et admirer les boutiques de souvenirs, vous trouverez de nombreuses stations village dans les Alpes. Elles sont toutefois plus nombreuses en Haute-Savoie qu'en Savoie et dans les Alpes du Sud. Ici, les domaines skiables sont parfois plus petits ou moins bien enneigés, mais l'essentiel est le charme et la déconnexion.

Bonneval-sur-Arc 25 km de pistes 1800 m 3000 m

C'est sans doute le plus beau village des Alpes, avec son ambiance minérale et son classement parmi les *Plus Beaux Villages de France*. Situé à 1800 mètres d'altitude, il dispose de 25 km de pistes de ski alpin avec de la neige quasi garantie de décembre à fin avril. Côté ski de fond, Bonneval est relié aux 133 km de pistes de Bessans, un des paradis des fondeurs. À Bonneval, on aime le hameau de l'Écot (notre photo ci-dessus), sorte de bout du monde que l'on peut rejoindre en raquettes ou à pied. On apprécie également le salon de thé au cœur de la ruelle centrale et la grandeur des sommets de la Vanoise.

Samoëns 265 km de pistes 700 m 2480 m

Samoëns (ne prononcez pas le "s") est un beau village de Haute-Savoie relié au domaine skiable du Grand Massif (265 km de pistes). Côté nordique, plusieurs petits domaines permettent également de se faire plaisir. Bien que l'altitude du village (700 mètres) ne garantisse pas toujours de la neige dans les rues, Samoëns est très facile d'accès, à seulement 20 km de l'autoroute. Majoritairement piéton et entouré de chalets, Samoëns est un village touristique où l'on se sent bien. Depuis le village, une télécabine vous emmène sur le domaine alpin, à 1500 m d'altitude, où la neige est quasiment assurée.

Arêches Beaufort

50 km de pistes   1050 m   2300 m

Au cœur du Beaufortain, Arêches-Beaufort est une terre authentique où l'on produit le célèbre « prince des gruyères » : le Beaufort. Ses beaux chalets d'altitude laissent place, en vallée, à deux villages pittoresques (Beaufort et Arêches) avec des maisons groupées autour de l'église surmontée d'un clocher à bulbe, typique de la région. Côté ski, Arêches-Beaufort propose 50 km de pistes de ski alpin et 15 km de pistes de ski de fond.

Combloux

100 km de pistes   1020 m   1930 m

Combloux, c'est l'image de la carte postale de notre enfance : un village (plutôt chic) constitué de chalets en bois, situé en balcon face au mont Blanc. Combloux, c'est aussi une station de ski authentique dans un paysage assez ouvert face au mont Blanc. Côté ski alpin, la station est reliée à Megève et à La Giettaz, offrant 100 km de pistes entre 1000 m et 2000 m d'altitude.

Aussois

55 km de pistes   1530 m   2680 m

Ce beau village de pierres, perché à 1500 m sur le flanc sud de la Vanoise, est une destination familiale idéale. La station de ski propose 55 km de pistes de ski alpin et 30 km de ski de fond. En contrebas, les forts de l'Esseillon témoignent de l'histoire locale, marquée par l'opposition entre le royaume du Piémont et la France. Riche en patrimoine, la station dispose également d'un beau musée expliquant la vie d'antan en montagne. Une destination ensoleillée pour ceux qui ne viennent pas uniquement pour le ski !

Village d'Aussois

Serre Chevalier – Briançon   250 km de pistes   1200 m   2770 m

Tout au nord des Alpes du Sud, la vallée de Serre Chevalier – Briançon est un pays de hautes montagnes baignées de lumière. Les 250 km de pistes du domaine skiable se répartissent entre Le-Monêtier-les-Bains et Briançon, cité Vauban classée à *l'UNESCO*. Ici, on profite du soleil, de la neige et d'un certain art de vivre.

La Clusaz   125 km de pistes   1040 m   2470 m

Ce beau village cossu de Haute-Savoie dresse son clocher à bulbe face aux combes grandioses des Aravis. Aussi réputée pour le ski de fond que pour le ski alpin, La Clusaz est l'une des grandes stations de ski françaises. Bienvenue sur les terres du reblochon !

La station village de Valloire

Valloire   160 km de pistes   1400 m   2730 m

Sur les pentes du col du Galibier, ce beau village dispose d'un domaine skiable de 160 km de pistes relié à celui de Valmeinier. Au sud des Alpes du Nord, son domaine, plutôt bien ensoleillé, offre de beaux paysages sur les aiguilles d'Arves, la Vanoise et les Écrins. Le village conserve un certain charme et est plutôt animé.

Hauteluce   192 km de pistes   1000 m   2050 m

Au cœur du Beaufortain, ce village est une véritable merveille. Ici, à flanc de montagne, quelques beaux chalets se blottissent autour d'une église baroque resplendissante, le tout avec vue sur le massif du Mont-Blanc qui domine au-delà du col du Joly. Hôtels de charme, restaurant étoilé, salon de thé, boutique déco et bar à soupe biologique... Hauteluce est un petit village chic directement relié aux 192 km de pistes de ski alpin de l'Espace Diamant. Le village partage également un second domaine skiable avec Les Contamines et ses 120 km de pistes. Un secret bien gardé !

St-Martin-de-Belleville   600 km de pistes ▲ 1100 m ▲ 3230 m

Cet authentique village a su se bâtir ces dernières années une solide réputation. Seul bourg skis aux pieds des 3 Vallées, Saint-Martin-de-Belleville est le chef-lieu de la commune qui abrite Les Menuires et Val Thorens. Relié aux 600 km de pistes des 3 Vallées, le bourg abrite sans doute la plus belle adresse du plus grand domaine skiable du monde : *la Bouite*, un Relais & Châteaux 5 étoiles, doublement étoilé au Guide Michelin, ainsi que quelques beaux hôtels et chalets de luxe. Du très grand ski… version village.

Val d'Isère   300 km de pistes ▲ 1450 m ▲ 3450 m

Plus discrète que Courchevel ou Megève, Val d'Isère est un mélange de ces deux dernières : un village authentique (mais en haute montagne cette fois-ci) avec des établissements et chalets orientés vers le luxe. Ce qu'on aime à Val d'Isère, ce sont ses grandes maisons de pierres, ses belles adresses et son enneigement quasi garanti de décembre à mai. Son domaine skiable est relié à celui de Tignes, formant un domaine XXL au cœur du massif de la Vanoise.

Centre-ville de Chamonix

Chamonix   155 km de pistes ▲ 1035 m ▲ 3290 m

La plus ancienne commune touristique des Alpes est aussi une station de ski avec plusieurs domaines faisant face à la très haute montagne. Cette petite ville de 8 600 habitants, née de l'alpinisme, s'est développée grâce au ski et à un tourisme international, attiré par la notoriété du sommet de l'Europe. La ville possède une belle architecture rappelant les cités thermales, avec de grands palaces et de beaux bâtiments art nouveau. À Chamonix, on aime monter à l'aiguille du Midi, admirer la mer de Glace et le mont Blanc avec le train du Montenvers. On apprécie également le spa géré par le groupe italien QC Terme. Ici, on trouve de nombreuses belles adresses pour dormir, se restaurer ou faire du shopping. La plus urbaine des stations françaises !

Centre-ville de Saint-Gervais-les-Bains

Saint-Gervais   445 km de pistes   800 m   2370 m

Au pied du mont Blanc, la station de Saint-Gervais possède un beau domaine skiable relié à celui de Megève et un second relié aux Houches. L'architecture thermale de la station, son spa thermal, son parking arty et ses belles adresses en font une destination idéale pour qui aime l'architecture et la montagne. Très accessible, la station dispose d'un train à crémaillère, d'une sortie d'autoroute et d'une gare TGV reliée par télécabine à la station.

Saint-Véran   31 km de pistes   1750 m   2810 m

Dans l'authentique massif du Queyras, Saint-Véran se revendique comme le plus haut village de France. Du haut de ses 2040 m d'altitude, ce village, membre du club des Plus Beaux Villages de France, donne accès à 32 km de pistes de ski alpin. Ses grands chalets en bois confèrent aux lieux une infinie sérénité. À Saint-Véran, on aime aussi son petit hôtel de luxe et son restaurant gastronomique, qui confèrent à la station son caractère chic et intimiste.

Centre-ville de Saint-Gervais-les-Bains

STATIONS D'ALTITUDE : LES IMMANQUABLES

Comme nous l'avons vu précédemment, la France s'est spécialisée dans les stations d'altitude. Bien que leur charme diffère de celui des villages, elles offrent un enneigement plus sûr et certaines facilités : logements skis aux pieds et commerces facilement accessibles. Souvent reliées à d'autres stations, elles disposent d'un vaste domaine skiable et d'infrastructures de qualité. Voici les 15 plus hautes stations des Alpes... parmi lesquelles se trouvent aussi quelques villages !

Bonneval-sur-Arc – 1 820 m

25 km de pistes — EN BAS 1800 m — EN HAUT 3000 m

À 1820 mètres d'altitude, Bonneval-sur-Arc est l'un des rares villages offrant à la fois un domaine d'altitude et une certaine authenticité. Situé au bout du monde, à 2h15 de Chambéry et 2h30 de Grenoble, ce village bénéficie d'un cadre exceptionnel et d'un domaine skiable de 25 km de pistes, culminant à près de 3000 mètres d'altitude. Pour les amateurs de ski de fond, Bonneval est également relié aux pistes de Bessans, l'un des plus grands et plus hauts domaines nordiques des Alpes. C'est la destination idéale pour les amoureux du calme, sans sacrifier l'enneigement. Les locations se font principalement de particulier à particulier.

Avoriaz – 1830 m

600 km de pistes — EN BAS 974 m — EN HAUT 2466 m

C'est la plus haute station de ski de Haute-Savoie. À 1830 mètres d'altitude, Avoriaz est idéalement placée au cœur des Portes du Soleil, entre Morzine, Les Gets et Châtel. La station offre un ski XXL avec 600 km de pistes sur Les Portes du Soleil. Avec ses résidences bardées de bois à l'architecture organique, Avoriaz est un OVNI dans le paysage des stations françaises. Familiale et dynamique, elle propose de nombreuses résidences Pierre & Vacances, quelques hôtels et un club Belambra. À noter que la station est entièrement piétonne.

Orcières-Merlette – 1 830 m   100 km de pistes   1830 m   2725 m

Station ensoleillée située à la jonction des Alpes du Nord et des Alpes du Sud, Orcières est une station dynamique disposant de 100 km de pistes exposées au sud. On y skie sur 50 pistes de tous niveaux entre 1830 m et 2720 m d'altitude. Sur les flancs des Écrins, le domaine est particulièrement adapté aux skieurs intermédiaires, ainsi qu'aux amateurs de pistes rouges et noires. Au sommet des pistes, une tyrolienne de 1800 m de long vous permet de vous envoler entre 2650 et 2500 mètres d'altitude.

Orcières-Merlette depuis les pistes

Les Menuires – 1 830 m   600 km de pistes   1100 m   3230 m

C'est une station historique des Alpes françaises, créée en 1965 dans le cadre du Plan Neige, avec une architecture engagée. Cette grande station des 3 Vallées dispose de plusieurs fronts de neige, situés entre 1830 et 1850 mètres d'altitude. Depuis Les Menuires, on rejoint directement les pistes de Méribel et de Val Thorens, puis on peut continuer vers le sud, à Orelle, ou vers l'est, à Courchevel. Avec ses 600 km de pistes reliées, on skie ici sur le plus grand domaine skiable du monde, et ce qui se fait de mieux en France en la matière.

Val d'Isère – 1 830 m   300 km de pistes   1550 m   3450 m

Station luxueuse et emblématique de Haute-Tarentaise, Val-d'Isère est un grand village composé de chalets de pierres coiffés de lauzes. Ici, les chalets à louer côtoient les hôtels et résidences de luxe. Terre de ski et de compétitions, Val-d'Isère propose 300 km de pistes reliées à Tignes, entre 1550 m et 3440 mètres d'altitude. Comme dans Les 3 Vallées, on y trouve ce qui se fait de mieux en France en termes de remontées mécaniques et de damage des pistes.

Montgenèvre, la station et le village

Montgenèvre – 1 850 m
110 km de pistes   1800 m   2590 m

Village haut perché des Alpes du Sud, Montgenèvre dispose d'un grand domaine transfrontalier avec la station de Clavière en Italie. On y skie sur 110 km de pistes, avec diverses expositions : au sud sur les secteurs de Serre-Thibaud et du Chalvet, et principalement au nord sur les secteurs des Gondrans et de l'Aigle. À 1850 m d'altitude, au nord des Hautes-Alpes, Montgenèvre bénéficie d'un bon enneigement et d'un soleil généreux.

La Rosière – 1 850 m
150 km de pistes   1200 m   2790 m

Magnifique station en balcon, offrant de superbes couchers de soleil, La Rosière propose un ski ensoleillé et dégagé, relié à La Thuile en Italie. À 1850 mètres d'altitude, la station offre 150 km de pistes transfrontalières, entre 1200 et 2750 mètres d'altitude. Relativement haut de gamme, on y trouve de beaux chalets, des hôtels et un Club Med flambant neuf.

Vars – les Claux – 1 860 m
180 km de pistes   1650 m   2740 m

Vars dispose d'un beau domaine skiable réparti sur trois secteurs, avec plusieurs expositions. Aux Claux, à 1860 mètres d'altitude, se trouvent les principales infrastructures de la station. Le domaine skiable de La Forêt Blanche culmine sous le pic de Chabrières, à 2700 mètres d'altitude, et est relié en plusieurs points au domaine de Risoul pour un ski XXL.

Risoul – 1 880 m
180 km de pistes   1650 m   2740 m

Reliée à Vars, Risoul est la deuxième plus haute station des Hautes-Alpes. Située entre 1880 m et 2540 m d'altitude, la station propose un domaine plein nord, qui conserve bien la neige, ainsi qu'un petit secteur sud proche du pic de Chabrière. Les deux stations disposent d'environ 90 km de pistes chacune et offrent un ski réputé dans les Alpes du Sud. Risoul est une station composée de grandes résidences, réputée moins chère que ses voisines.

Isola 2000 – 1 920 m   120 km de pistes   1820 m   2603 m

Tout au sud des Alpes, au cœur du Mercantour, Isola 2000 dispose de son front de neige à 1920 mètres d'altitude. On y skie sur 45 pistes réparties sur trois secteurs, entre 1830 et 2570 mètres d'altitude, pour environ 120 km de pistes. Au sommet des pistes, vous pourrez même apercevoir la mer Méditerranée, puisque Nice se trouve à seulement 1h30 de route.

Le village de Saint-Véran

Saint-Véran – 2070 m   31 km de pistes   1750 m   2810 m

C'est le plus haut village de notre sélection. À 2070 mètres d'altitude, Saint-Véran partage un petit domaine de 30 km de pistes avec le village de Molines, sous le soleil du Queyras. Le domaine propose 34 pistes entre 1740 et 2830 mètres d'altitude. Vous êtes ici dans l'un des plus beaux villages des Alpes, où vous pourrez tutoyer les étoiles sous l'un des cieux les plus purs de France.

La Plagne – Aime 2000 – 2 100 m   425 km de pistes   1200 m   3226 m

Plus grande station de ski française, La Plagne propose du ski entre 1200 et 3040 mètres d'altitude, sur un domaine commun avec Les Arcs : Paradiski et ses 420 km de pistes. La station dispose de plusieurs sites, dont Aime 2000, sorte de grand paquebot des neiges situé à 2100 mètres d'altitude, en balcon, face à la vallée et au mont Blanc. Emblématique des années 60, le bâtiment principal, pensé pour être fonctionnel et répondre aux besoins des vacanciers skieurs, est classé au patrimoine du XXe siècle. On y trouve notamment un Club Med, un village club MMV, une résidence et de nombreuses locations.

Tignes – 2 100 m   300 km de pistes   1550 m   3450 m

Tignes est connue pour être l'une des grandes stations d'altitude des Alpes. La station propose 87 pistes, situées entre 1600 et 3400 mètres d'altitude. La majorité des logements de la station se trouvent à 2100 m d'altitude, à Tignes-le-Lac et à Val Claret. Reliée à Val d'Isère par 300 km de pistes, Tignes offre ce qui se fait de mieux en France en termes de ski : des pistes larges et bien damées, des remontées mécaniques de pointe, un grand domaine skiable d'altitude et des établissements de qualité.

Les Arcs – Arc 2000 – 2 140 m   425 km de pistes   1200 m   3326 m

La station des Arcs propose du ski entre 1600 et 3200 mètres d'altitude. Sur ce grand domaine des Alpes, relié à Peisey-Vallandry et à La Plagne, plusieurs sites sont accessibles aux skieurs : Arc 1600, Arc 1800, Arc 1950 et Arc 2000. À 2140 mètres d'altitude, Arc 2000 est le plus haut site de la station. C'est une vraie station de ski avec des hôtels, des résidences et des clubs de vacances. Juste en dessous, Arc 1950 est une station récente aux allures de village, avec quelques résidences et hôtels. Ici, on skie au soleil levant, face au mont Blanc et au pied du plus haut sommet des pistes de la station : l'aiguille Rouge.

Val Thorens 2 280 m   600 km de pistes   1000 m   3230 m

Plus haute station de ski française, Val Thorens donne accès au plus grand domaine skiable du monde : Les 3 Vallées et ses 600 km de pistes. Située entre 2200 m et 2350 mètres d'altitude, Val Thorens regroupe ses résidences, clubs et hôtels haut de gamme sur une belle pente exposée sud-ouest. La station offre 84 pistes situées entre 1800 et 3200 mètres d'altitude. Ici, le damage et les remontées mécaniques sont high-tech, et l'ensoleillement est optimal. Attention toutefois au froid, qui peut être glacial, surtout le matin.

Val Thorens, plus haute station de France

LES NOUVEAUTES 2024/2025

Alors que la saison 2024-2025 approche, les stations de ski rivalisent d'innovations pour améliorer l'expérience des skieurs et vacanciers. Entre nouveaux hôtels, remontées mécaniques modernisées et espaces bien-être, la saison s'annonce riche en surprises. Voici un tour d'horizon des grandes nouveautés à ne pas manquer cette année.

Les incontournables de la saison

Courchevel : la télécabine de la Saulire fait son retour
Après trois ans de travaux, la mythique télécabine de la Saulire reprend du service. Désormais plus rapide et confortable, cette installation permet de monter à 2 700 mètres en seulement trois minutes. Dotée de cabines panoramiques en verre, elle offre une vue à couper le souffle sur les sommets environnants.

Saint-Gervais : une télécabine relie les pistes à la vallée
Saint-Gervais innove avec l'ouverture de son ascenseur valléen, facilitant l'accès entre la gare du Fayet, le centre-ville et les pistes. Une nouveauté qui fait de la station l'une des rares en France à permettre un accès direct depuis une gare ferroviaire.

Les 2 Alpes : un accès au glacier modernisé
La station des 2 Alpes inaugure le tout nouveau Jandri 3S, un téléphérique à trois câbles capable de supporter des vents de 100 km/h. Il réduit le temps d'ascension au glacier à seulement 17 minutes et double la capacité de transport. Une innovation qui améliore grandement l'accès au glacier pour les skieurs et randonneurs.

Nouveaux hôtels et bien-être

Orelle : un hôtel hybride au pied des 3 Vallées
L'hôtel Hob Orelle, un nouveau concept hybride entre hôtel et auberge, ouvre à 50 mètres de la télécabine menant aux 3 Vallées. Avec des options économiques et une ambiance conviviale, cet établissement ravira les skieurs à la recherche d'un séjour pratique et abordable.

Serre Chevalier : le Club Med rénové
Après 50 millions d'euros d'investissement, le Club Med de Serre Chevalier rouvre ses portes avec un classement 4 tridents. Ce complexe familial entièrement rénové propose des espaces bien-être modernes et une offre all-inclusive pour des vacances tout confort.

Les autres nouveautés en bref

- **Méribel :** Le tunnel du Roc de Fer se transforme en œuvre d'art grâce à l'artiste Franck Blériot. Une touche de street art unique au cœur des pistes.

- **Val d'Isère :** La télécabine du Vallon a été modernisée pour améliorer l'accès au secteur de l'Iseran et au glacier du Pisaillas. En seulement 6 minutes 30, les skieurs atteignent les sommets avec plus de confort.

- **Le Grand-Bornand :** Le télésiège de la Duche, vieux de plus de 40 ans, est remplacé par un équipement moderne offrant un meilleur confort et une meilleure fluidité pour rejoindre les pistes.

- **Les Saisies :** La rénovation du télésiège Douce-Grattary permet une montée plus rapide et plus confortable, améliorant ainsi la connexion entre Notre-Dame-de-Bellecombe et Praz-sur-Arly.

- **Valfréjus :** La station inaugure un parcours en tyroliennes géantes avec un enchaînement de six tyroliennes à 100 mètres au-dessus du sol, parfait pour les amateurs de sensations fortes.

- **Chamonix :** La nouvelle télécabine permet un accès facilité à la mer de Glace, tandis que le refuge des Aiglons se transforme en hôtel 4 étoiles après une rénovation complète.

- **Les Menuires :** La Croisette, centre névralgique de la station, a été modernisée pour offrir plus de confort aux visiteurs avec une nouvelle signalétique et des infrastructures repensées.

- **Megève :** L'ouverture du complexe hôtelier de luxe L'Éclat des Vériaz par Terrésens offre un espace bien-être et des chalets haut de gamme, ajoutant une touche d'élégance à la station.

- **Valmorel :** La station voit l'ouverture du complexe Akoya, comprenant une résidence de tourisme 5 étoiles et un hôtel 4 étoiles avec des installations de bien-être modernes.

- **Val Thorens :** L'ouverture du nouveau bâtiment Caron 3200, au sommet de la Cime Caron, promet une expérience inédite avec restaurant panoramique, bar à vin et espace événementiel.

- **La Clusaz :** La station propose une balançoire géante sur le massif de l'Aiguille, une attraction à sensations fortes qui offre une vue imprenable sur la vallée des Confins et la chaîne des Aravis.

LES PLUS BELLES DESCENTE
LA VUE AVANT TOUT

Les Alpes abritent certaines des pistes de ski les plus emblématiques au monde, offrant aux amateurs de glisse des expériences inoubliables. Voici un tour d'horizon des descentes les plus mythiques des Alpes.

La vallée Blanche : l'aventure hors-piste ultime
Départ de Chamonix, au sommet de l'aiguille du Midi. La vallée Blanche, avec ses 17 kilomètres de descente hors-piste et ses 2 800 mètres de dénivelé, est l'itinéraire hors-piste le plus beau du massif. Ce parcours impressionnant, qui traverse glaciers et séracs, plonge les skieurs au cœur des paysages grandioses du Mont-Blanc. Bien qu'il s'agisse d'un itinéraire hors-piste, la descente est relativement accessible pour les skieurs expérimentés, à condition d'être accompagnés d'un guide. Une aventure qui combine adrénaline et contemplation.

Les Vallons de la Meije : une expérience sauvage
Autrefois réservé aux alpinistes, La Grave est désormais le terrain de jeu privilégié des freeriders grâce à ses vallons mythiques. Avec une descente de 3 560 mètres d'altitude jusqu'au village de La Grave à 1 400 mètres, les Vallons de la Meije offrent un défi exceptionnel aux amateurs de ski hors-piste. Ce domaine non balisé, mais sécurisé, permet de dévaler des glaciers, des champs de poudreuse et de traverser des forêts de mélèzes. C'est un paradis pour les skieurs en quête de nature sauvage et de liberté.

La Sarenne : la plus longue piste noire des Alpes
16 kilomètres de pur bonheur, c'est ce que propose la Sarenne, la piste noire emblématique de l'Alpe d'Huez. Avec ses 1 800 mètres de dénivelé, elle est la plus longue piste balisée du monde. Départ à 3 300 mètres d'altitude, au sommet du pic Blanc, avec une vue exceptionnelle sur les Écrins et la Meije. La descente s'achève dans les gorges de Sarenne après plus d'une heure de glisse pour les skieurs de niveau intermédiaire.

La Face de Bellevarde : la piste olympique de Val d'Isère
Val d'Isère est célèbre pour ses compétitions de ski, et la Face de Bellevarde est l'une des pistes les plus techniques du circuit. Créée pour les Jeux olympiques d'Albertville en 1992, cette piste noire offre un dénivelé de près de 1 000 mètres et des passages spectaculaires, dont le fameux "grand mur" à 50° d'inclinaison.

La Verte des Houches : un bijou de descente
La Verte des Houches est l'une des rares pistes françaises homologuées pour accueillir des compétitions de descente de la Coupe du Monde. Malgré son nom trompeur, il s'agit bien d'une piste noire, avec un tracé exigeant et spectaculaire. Ses 870 mètres de dénivelé et ses sauts impressionnants, où les skieurs peuvent atteindre 140 km/h, en font une piste légendaire. L'épreuve du Kandahar y est organisée chaque année, attirant les meilleurs skieurs du monde.

La Combe du Vallon : le joyau de Méribel
Avec ses 1 000 mètres de dénivelé, la Combe du Vallon est une piste rouge incontournable. Située à près de 3 000 mètres d'altitude, elle garantit une neige de qualité et offre un panorama saisissant sur la réserve naturelle de Tuéda. En plus de sa belle descente, la Combe du Vallon est bordée de petits hors-pistes accessibles, faisant le bonheur des amateurs de poudreuse.

L'aiguille Rouge : 2 000 mètres de dénivelé aux Arcs
L'aiguille Rouge, située dans le domaine des Arcs, est l'une des pistes les plus longues et spectaculaires des Alpes. Départ à 3 226 mètres d'altitude pour une descente vertigineuse de 7 kilomètres qui vous mène jusqu'au village de Villaroger à 1 200 mètres. La première partie, sur glacier, est large et parfaite pour les amateurs de vitesse. La piste devient ensuite plus technique, serpentant entre les mélèzes.

La Cascade : une balade panoramique à Flaine
Pour ceux qui recherchent une descente plus douce, mais tout aussi impressionnante, la piste des Cascades à Flaine est idéale. Cette piste bleue de 14 kilomètres serpente en direction de la réserve naturelle de Sixt-Fer-à-Cheval, offrant des panoramas exceptionnels sur les montagnes environnantes. Son tracé en alpages et forêts est une invitation à la détente, tout en profitant des beautés naturelles du Grand Massif. Peu technique, elle est accessible à la plupart des skieurs et promet une expérience de glisse tout en douceur.

ET SANS NEIGE ?
TANT MIEUX !

Ces dernières années, la variabilité de l'enneigement en moyenne montagne est devenue une réalité. Parfois, la neige manque, parfois un épisode pluvieux vient rincer complètement le manteau neigeux. Si dans les stations d'altitude, au-delà de 1 800 mètres, l'enneigement reste relativement assuré, dans d'autres lieux, la neige peut se faire plus rare et capricieuse. Mais loin de gâcher les vacances, cette absence de poudreuse peut offrir une occasion de profiter des lieux différemment.

Redécouvrir les paysages alpins
Lorsque la neige manque à l'appel, la montagne n'en demeure pas moins un cadre enchanteur. Les Alpes, avec leurs sommets majestueux et leurs panoramas, offrent une multitude d'activités de plein air. La randonnée pédestre en est l'une des plus belles alternatives. Sans raquettes, mais avec de bonnes chaussures, on arpente les sentiers balisés à la découverte de vallées, forêts, cascades et villages typiques. Au loin, la neige est là sur les plus hauts sommets et les alpages prennent des airs de steppes sèches.

Pour les plus actifs, le VTT ou son équivalent électrique (VTTAE) permet de s'évader sur les sentiers sans neige. Ces pratiques, de plus en plus populaires, offrent une expérience différente de la montagne, plus explorative ! En altitude, avec des pneus larges, vous pouvez même alterner entre sentiers secs et sentiers enneigés.

Sans oublier le côté contemplatif. Que vous soyez en terrasse face aux sommets ou au détour d'un chemin de montagne, les Alpes, dénudées de leur manteau blanc, dévoilent une beauté sauvage souvent cachée sous la neige. L'occasion de faire une pause et de renouer avec la nature dans un cadre hivernal apaisant et ressourçant.

L'ambiance festive et le charme des villages

En montagne, l'absence de neige n'impacte pas l'atmosphère unique qui règne dans les stations et villages. Au cœur de ces destinations hivernales, l'ambiance reste conviviale et festive. Les marchés de Noël, les événements culturels et les activités pour toute la famille viennent enrichir votre séjour. Certains villages redoublent d'efforts pour proposer des animations et des événements tout au long de l'hiver : feux d'artifice, concerts, ateliers pour enfants, tout est fait pour que les vacanciers profitent de moments magiques.

Les plus grands villages disposent également de centres aquatiques et de bien-être. Profitez de ces moments pour vous offrir une séance de spa ou une pause dans les bains thermaux, idéal pour se détendre après une journée active. Les amateurs de gastronomie ne seront pas en reste, avec de nombreux restaurants de spécialités locales où déguster une fondue, une raclette ou d'autres plats traditionnels savoyards.

Parfois la neige manque en station, mais est bien présente en altitude, sur le domaine alpin. C'est de plus en plus le cas dans les stations village, où l'on accède en télécabine à un stade de neige en altitude.

Enfin, si vous êtes dans une station moins enneigée, c'est aussi l'occasion d'explorer les alentours : les lacs, les vallées et les forêts des Alpes révèlent des paysages d'une incroyable variété, offrant des points de vue à couper le souffle.

Des stations à découvrir, même sans neige

Si vous avez fait le deuil de l'ambiance blanche à tout prix, certaines petites stations sont parfaites. Vous soutiendrez ainsi un tourisme plus "slow" et authentique. Des destinations comme Bernex, Cordon, Abondance, Saint-Jean-de-Sixt, Saint-Léger-les-Mélèzes ou encore Gresse-en-Vercors proposent un cadre authentique, loin des grandes stations bondées. Ces stations, situées à des altitudes plus basses, compensent l'absence possible de neige par une ambiance chaleureuse, des activités variées et une immersion totale dans la culture montagnarde.

QUE FAIRE SI ON NE SKIE PAS ?
LES PLAISIRS DE LA NEIGE

Dans les Alpes, tout le monde ne skie pas, et les skieurs ne passent pas tout leur temps sur les pistes, loin de là. Quand on ne fait pas de ski, on peut marcher, voler ou encore se détendre dans l'un des nombreux spas d'altitude. Voici les principales alternatives au ski.

Yoga, spa et gastronomie... se faire du bien en altitude
Principales évolutions de ces dernières années, la gastronomie et le bien-être ont maintenant toute leur place en altitude. De nombreux espaces balnéos et spas ont été construits, et des praticiens vous accompagnent pour, enfin, lâcher prise. Car si le ski reste une activité assez stressante, la montagne offre un cadre propice à la déconnexion.
- On trouve des spas et des espaces balnéo publics et privés dans une trentaine de stations. Les plus beaux se trouvent à Chamonix, Megève, Saint-Gervais, Courchevel, Châtel, Serre Chevalier, l'Alpe d'Huez et Avoriaz. On y revient juste après.
- La gastronomie a également évolué, avec plusieurs restaurants étoilés qui proposent une alternative aux fondues et tartiflettes, inventées pour le tourisme. Les principales adresses étoilées se trouvent à Chamonix, Val d'Isère, Courchevel, Megève, Tignes, Les 2 Alpes et Hauteluce. Retrouvez-les sur notre site.
- Bien sûr, quand on ne skie pas, on peut aussi visiter des villages, faire du shopping ou découvrir des musées. On en trouve à Modane, Aussois, Champagny, La Clusaz, Le Grand-Bornand, Châtel ou encore à Chamonix. Ce sont souvent de petits musées, mais ils permettent d'en apprendre plus sur la vie locale.
- Enfin, il existe des accompagnateurs ou des hébergeurs qui proposent des séances de yoga pour se relaxer. Face aux paysages enneigés, l'activité est intensifiée, et la détente aussi. Alors, si vous êtes pratiquants, n'hésitez pas à essayer !

Balnéo extérieur à QC Terme Chamonix

Parapente, luge et tyrolienne, le plein de sensations

Si en été, la montagne est hyperactive, l'hiver, elle semble plutôt monoactive : le ski y règne en maître. Pourtant, en y regardant de plus près, plusieurs offres alternatives, dont certaines à sensations fortes, complètent l'offre ski. La randonnée en raquettes est ainsi la première activité hors ski. Tranquille ou sportive, elle permet de partir en site vierge pour admirer la nature à son rythme. On peut aussi s'initier au traîneau à chiens ou faire du VTT sur neige (les fatbikes disponibles en stations de ski sont équipés de gros pneus pour rouler sur la neige).

Côté sensations (mais il faudra souvent avoir les skis aux pieds), on peut s'initier au parapente en vol biplace depuis les pistes, voler tel un oiseau sur une tyrolienne, ou encore faire de la luge sur rails à toute vitesse.

Tyrolienne d'Orcières Merlette par Gilles Baron

Luge sur rails : attraction de pleine nature

Depuis quelques années, les stations installent des luges sur rails proches des fronts de neige, aussi appelées luge 4 saisons. Si leur aspect rappelle celui des attractions foraines, elles sont souvent très appréciées des enfants de tous âges. On peut les utiliser à toute vitesse : en freinant avant les virages, ou en allant à fond. "Freiner, c'est tricher", dit-on. On en trouve dans une vingtaine de stations de ski, des Gets au Val d'Allos, en passant par Autrans, Saint-François-Longchamp, Les Menuires et l'Alpe d'Huez. Chacune a ses spécificités : virages relevés, vrilles, cassures, tunnels, ponts...

Raquettes à neige, la neige en mode slow
Si, l'été, la randonnée est la première activité en altitude, l'hiver, les raquettes à neige occupent une place de choix. Avec des raquettes fixées à vos pieds, vous pouvez marcher dans la neige sans trop vous enfoncer. Pas besoin de suivre les chemins, vous faites votre propre trace dans une neige immaculée. Il faut toutefois éviter les zones avalancheuses, seule précaution pour une sortie en toute sécurité. Sachez que les magasins de skis louent des raquettes à la demi-journée, à la journée ou plus.

Pour randonner en raquettes, plusieurs options s'offrent à vous :
- **Partir en autonomie sur des sentiers damés :** Ici, les raquettes sont plutôt folkloriques, car vous pouvez marcher avec des chaussures de marche normales, avec ou sans crampons.
- **Partir en autonomie sur les sentiers raquette balisés :** Là encore, il est probable que d'autres raquetteurs vous aient précédé et que le sentier soit déjà "tracé" dans la neige. Néanmoins, quelques sorties de piste vous permettront de goûter aux plaisirs de la neige fraîche.
- **Partir avec un accompagnateur en montagne :** Cela vous permettra de mieux comprendre la faune et la flore locales, l'histoire et les paysages environnants. Certains accompagnateurs proposent des balades en raquettes accessibles à tous, tandis que d'autres offrent une expérience bien plus sportive. Renseignez-vous bien : en hiver, 400 mètres de dénivelé représentent déjà un effort conséquent.

Raquettes en Hautes-Savoie, par Alexander

FOCUS

LES PLUS BEAUX SPAS DES ALPES

En 20 ans, des spas et espaces balnéos de grande qualité, publics et privés, se sont développés en stations. Parfois, les spas des hôtels de luxe n'ont rien à envier aux structures créées par les communes. **Voici cinq des plus beaux spas des Alpes.**

- Situé dans l'**hôtel 5 étoiles des *Grandes Rousses* à l'Alpe d'Huez, *le Spa des Alpes*** est un lieu lumineux et minéral, entièrement dédié au bien-être. Il propose des rituels exclusifs d'*Alpinothérapie* et un espace balnéo soigné. On y trouve des bassins sensoriels aux jets relaxants, un hammam grotte, un sauna avec vue sur les montagnes, une douche à expérience, une fontaine à glace et des équipements de cryothérapie.

- Au cœur de Megève, une gamme de soins inspirés par les Alpes a été créée aux **Fermes de Marie sous la marque *Pure Altitude***. Cet hôtel 5 étoiles emblématique des Alpes offre un grand spa avec des espaces feutrés aux couleurs de la montagne. On y retrouve notamment un couloir de nage, deux saunas, des bains japonais, un jacuzzi extérieur et une piscine intérieure.

- Dernier grand spa ouvert dans les Alpes, ***QC Terme Chamonix*** est géré par une marque italienne du bien-être, également présente à Bormio, Milan et New York. Avec ses 3000 m² entièrement dédiés au bien-être, c'est le plus grand spa des Alpes.

- **Les thermes de Saint-Gervais** abritent un spa thermal de 2000 m² récemment rénové, avec notamment un parcours sensoriel intérieur/extérieur en trois étapes : préparation, régénération par l'eau thermale et ressourcement. Au programme de ce parcours : bains de vapeur, saunas, grottes immersives, couloirs d'expériences, dalles chaudes, bassins d'eau thermale... L'eau thermale de Saint-Gervais jaillit naturellement à 35°C après avoir cheminé pendant plus de 60 ans au cœur du massif du Mont-Blanc.

- Premier centre balnéo moderne créé dans les Alpes, ***Les Grands Bains du Monêtier*** restent une référence du genre ! Construit en 1999 dans un village de charme authentique, ils proposent, dans une eau naturellement chaude, des espaces avec bassins intérieur et extérieur (300 m² chacun), courant d'eau, jets paraboliques, lames d'eau, cols de cygne, parcours de jets sous l'eau, jacuzzi, lits bouillonnants, hammam, grotte musicale, trilogie romaine (Caldarium, Tepidarium, Frigidarium)...

SKIER PLUS GREEN
ET SI ON SE METTAIT AU SLOW SKI ?

Le ski n'est pas neutre en carbone, mais contrairement à ce que l'on pourrait penser, ce sont surtout le transport et le logement qui polluent. Le ski alpin ne représenterait que 2% du bilan carbone total du tourisme de neige. Voici quelques pistes pour skier de manière plus écologique.

Transport et hébergement : premières sources de pollution
Première victime du réchauffement climatique, le ski en est pourtant aussi un (petit) contributeur. En créant un produit attractif, il justifie des déplacements, majoritairement en voiture et en avion, qui émettent des gaz à effet de serre. Sur place, les logements, souvent mal isolés et surchauffés, consomment également une énergie néfaste au climat. Résultat : le ski souffre du manque de neige, mais contribue aussi à sa raréfaction. Côté domaines skiables, leur impact est principalement lié à l'usage des dameuses et à la production de neige artificielle, souvent alimentés aujourd'hui par des énergies électriques et des biocarburants.

Cependant, même si le ski a un impact certain, il reste bien moindre que celui d'un week-end à Lisbonne en avion ou qu'une semaine sous les tropiques.

3 pistes pour réduire son impact

Fort de ce constat, réduire l'impact de son séjour au ski est finalement assez simple :

- **Réduire le poids de son trajet :** pour cela, on peut privilégier le train ou le car. Plusieurs stations sont reliées aux grandes villes par des transports en commun. Certaines stations disposent même d'une gare ferroviaire : Chamonix, Saint-Gervais, Les Arcs et Briançon-Serre Chevalier. Pour les autres stations, des navettes assurent la liaison avec la gare.
- **Choisir un logement récent ou bien isolé :** cela favorisera un séjour économe en carbone. Toutefois, d'autres touristes loueront des logements moins écologiques, ce qui ne résout pas entièrement le problème. Là, seule une législation stricte pourra inciter les propriétaires à rénover leurs biens.
- **Opter pour des activités et du matériel plus durables :** en effet, certaines activités comme le ski de fond, le ski de randonnée ou les raquettes à neige sont moins énergivores que le ski alpin. De même, louer son matériel plutôt que de l'acheter permet de réduire la production de nouveaux skis ou vestes, contribuant ainsi à une pratique plus durable.

NOS COUPS DE COEUR
15 STATIONS OÙ PARTIR LES YEUX FERMÉS

Voici nos 10 stations coup de cœur. Chaque destination incarne une identité unique. Qu'elles soient authentiques ou avant-gardistes, ces stations se distinguent par leur charme, leur cadre exceptionnel et leurs hébergements de qualité, garantissant un séjour inoubliable.

Une identité marquée et un cadre grandiose

Dans notre sélection, retrouvez des destinations qui ne sont pas simplement des lieux où l'on vient skier. Ces stations racontent une histoire, incarnent une culture, et se distinguent par leur identité unique.

Certaines, comme Avoriaz ou Les Arcs, sont le fruit d'une architecture audacieuse et engagée, tandis que d'autres, comme Bonneval-sur-Arc ou Saint-Gervais, sont des villages authentiques qui ont su préserver leur charme d'antan.

Au-delà de leur singularité, ces stations sont toutes nichées dans des cadres montagneux grandioses, offrant un environnement naturel propice à l'évasion. Que vous soyez en quête de paysages enneigés immaculés ou de sommets vertigineux, chacune de ces stations promet une immersion totale dans la beauté des Alpes.

Des hébergements de qualité pour un séjour réussi

Pour nous, un séjour réussi passe avant tout par un hébergement de qualité. C'est pourquoi nous avons sélectionné des stations qui offrent non seulement des infrastructures de ski d'exception, mais aussi des hébergements et commerces qui sauront répondre aux attentes les plus exigeantes. Que vous recherchiez un chalet cosy, un hôtel de luxe ou une résidence confortable, ces stations disposent d'une offre variée qui saura vous séduire.

SAMOËNS
LE VILLAGE DE HAUTE-SAVOIE

Samoëns est un des plus beaux villages de Haute-Savoie, où authenticité rime avec élégance. Niché à 700 mètres d'altitude, ce village se distingue par son ambiance chaleureuse et son architecture traditionnelle, mêlant maisons de pierres et chalets en bois. La station a su préserver son charme d'antan tout en développant un tourisme moderne et dynamique. Loin des stations surpeuplées, Samoëns offre une expérience unique, alliant ski de qualité et riche patrimoine. La place du Gros Tilleul, avec son arbre planté en 1438, symbolise l'histoire profondément enracinée de ce village, tandis que ses ruelles piétonnes regorgent de commerces, de restaurants et de salons de thé, propices à la détente après une journée en montagne.

Une des stations les plus accessibles des Alpes

L'un des atouts majeurs de Samoëns est son accessibilité. Situé au fond de la vallée du haut Giffre, le village est à moins de 6 heures de route de Paris, 1 heure de Genève et 2 heures de Lyon. La station est facilement accessible en voiture via l'autoroute A40 jusqu'à Cluses, suivie d'une courte route de 20 minutes qui ne présente aucune difficulté majeure, même en hiver. Pour ceux qui préfèrent les transports en commun, la gare de Cluses est desservie par des TGV en provenance des grandes villes. Des navettes régulières assurent ensuite la liaison avec le village, rendant le trajet simple et pratique.

265 km de ski alpin

Samoëns est la porte d'entrée vers le vaste domaine skiable du Grand Massif, qui s'étend sur 265 km de pistes, reliant les stations voisines de Flaine, Morillon, Les Carroz et Sixt-Fer-à-Cheval. Bien que le village soit situé à une altitude relativement basse (700 mètres), le ski se pratique principalement au départ du plateau des Saix, à 1600 mètres d'altitude. Ce dernier est accessible en seulement 6 minutes de télécabine depuis le village. Le domaine offre une grande variété de pistes, adaptées à tous les niveaux, avec un enneigement de qualité assuré par l'altitude et les précipitations abondantes du massif du Giffre. Les amateurs de ski de fond ne seront pas en reste, avec un superbe domaine nordique au col de Joux Plane, offrant des pistes tracées et une vue imprenable sur le Mont-Blanc.

À voir, à faire à Samoëns

Au-delà du ski, Samoëns regorge d'activités pour tous les goûts. Commencez par flâner dans le centre historique du village, en visitant les églises, les chapelles et le fameux Gros Tilleul, symbole de Samoëns depuis des siècles. Ne manquez pas le Jardin botanique alpin de la Jaÿsinia, un écrin de verdure en plein cœur du village, où plus de 5 000 espèces de plantes alpines du monde entier sont réunies. Si vous aimez marcher, optez pour une balade en raquettes au col de Joux Plane ou au cirque du Fer à Cheval.

En soirée, détendez-vous dans l'un des nombreux restaurants du village, où vous pourrez déguster des spécialités savoyardes tout en profitant de l'ambiance chaleureuse des chalets. Certains hébergements disposent de beaux spas, comme l'hôtel Alexane. Profitez de votre séjour pour vous relaxer !

 Nos coups de cœur à Samoëns en hiver :

- **Le village :** Samoëns est bien plus qu'une simple station de ski. Son centre piéton, avec ses ruelles pavées, ses maisons de pierres et ses boutiques artisanales, invite à la flânerie. L'authenticité du lieu, renforcée par l'histoire des tailleurs de pierre, confère à Samoëns un charme inégalé.
- **Le domaine skiable :** Le Grand Massif est un terrain de jeu exceptionnel pour les skieurs, avec des pistes variées et des panoramas spectaculaires. La piste des Cascades, une descente de 14 km qui relie Flaine à Sixt, est un must pour ceux qui cherchent à combiner plaisir du ski et immersion dans la nature.
- **Les hébergements :** De l'hôtel Alexane au charme contemporain au Chalet Hôtel Neige et Roc à l'esprit familial, Samoëns propose une large gamme d'hébergements de qualité. Mention spéciale pour le nouveau Club Med, qui offre une expérience tout compris sur le plateau des Saix, à 1600 mètres d'altitude, pour ceux qui recherchent confort et praticité.

CHAMONIX
LA CAPITALE

Chamonix est bien plus qu'une simple station de ski : c'est une ville emblématique nichée au pied du massif du Mont-Blanc, où histoire, alpinisme et art de vivre en montagne se rencontrent. Capitale historique de l'alpinisme, Chamonix a su conserver son charme d'antan tout en devenant une destination mondiale incontournable pour les amateurs de sports d'hiver. Avec ses jolies ruelles commerçantes, son architecture art nouveau, ses boutiques, restaurants étoilés et musées, Chamonix offre une expérience unique, bien au-delà du simple ski. Que vous soyez là pour dévaler les pentes ou simplement profiter des paysages spectaculaires, cette ville à l'identité montagnarde forte ne vous laissera pas indifférent.

Une station accessible et bien connectée

Chamonix bénéficie d'une situation idéale, à seulement 1h20 de route d'Annecy, 2h30 de Lyon et 6h de Paris. Accessible par l'autoroute, elle est également reliée à l'Italie via le tunnel du Mont-Blanc et à la Suisse par le col de la Forclaz. Le réseau ferroviaire est bien développé, avec des trains régionaux qui desservent toute la vallée depuis la gare TGV de Saint-Gervais.

Un ski d'exception dans un cadre majestueux

Chamonix offre un terrain de jeu spectaculaire pour les skieurs, avec une dizaine de domaines skiables répartis sur la vallée, totalisant 120 km de pistes. Ce qui distingue Chamonix, c'est sa variété : des pistes familiales des Houches au ski de haute montagne des Grands Montets, chaque secteur propose une expérience unique. Le domaine Brévent-Flégère, accessible directement depuis le centre-ville, offre des descentes techniques avec une vue imprenable sur le Mont-Blanc. Pour les amateurs de sensations fortes, la vallée Blanche, une descente hors-piste mythique de 22 km depuis l'aiguille du Midi, est un incontournable. Accompagné d'un guide, vous skierez sur les glaciers et la mer de Glace dans un décor à couper le souffle.

À voir, à faire

À Chamonix, le ski n'est qu'une des nombreuses activités proposées. Montez à bord du célèbre train du Montenvers pour découvrir la mer de Glace et son musée, explorez l'aiguille du Midi pour admirer les panoramas sur les sommets ou relaxez-vous au QC Terme, un spa offrant plus de 3 000 m² dédiés au bien-être. Pour les amateurs de sensations fortes, le parapente ou l'escalade sur glace sont des expériences à ne pas manquer. Enfin, les amateurs d'art de vivre alpin apprécieront flâner dans le centre historique de Chamonix, avec ses boutiques, ses cafés et ses restaurants où déguster la gastronomie locale.

Nos coups de cœur à Chamonix en hiver

- **Le centre historique :** Avec ses rues commerçantes, ses bâtiments chargés d'histoire, les glaciers qui la surplombent et son ambiance cosmopolite, le centre de Chamonix est un véritable bijou à explorer.
- **Le ski face au Mont-Blanc :** Les domaines Brévent-Flégère et des Houches offrent des pistes avec des vues spectaculaires sur le Mont-Blanc, une expérience unique pour les skieurs.
- **La vallée Blanche :** Cette descente hors-piste depuis l'aiguille du Midi est l'une des plus célèbres au monde. Une aventure inoubliable, quasiment accessible à tous.

SAINT-GERVAIS
SKI CHIC FACE AU MONT BLANC

Saint-Gervais, également connu sous le nom de Saint-Gervais Mont-Blanc, est un village de montagne alliant charme, histoire et modernité. Située sur le versant ouest du massif du Mont-Blanc, cette station thermale et de ski est réputée pour son architecture art nouveau et ses infrastructures de bien-être, qui attirent les amateurs de sports d'hiver et les passionnés de culture. Avec ses 5 600 habitants et une capacité d'accueil d'environ 30 000 lits, Saint-Gervais offre une expérience montagnarde authentique, mêlant traditions et confort moderne. Les amateurs d'architecture seront séduits par les nombreux bâtiments historiques du centre-ville et du quartier du Fayet, tandis que les skieurs profiteront de ses deux vastes domaines skiables reliés à Megève et aux Houches.

Une des rares stations skis aux pieds via le train

Saint-Gervais est l'une des stations les plus accessibles des Alpes, ce qui en fait une destination idéale pour ceux qui souhaitent éviter les longs trajets de montagne. La station est desservie par une gare TGV au Fayet, offrant des liaisons directes avec Paris en 5h30, ainsi qu'une sortie d'autoroute à proximité. Une télécabine et des navettes gratuites relient les différents hameaux de la commune, facilitant l'accès aux pistes et aux centres d'intérêt. En hiver, le légendaire tramway du Mont-Blanc, un train à crémaillère plus que centenaire, permet de rejoindre le domaine skiable du Prarion avec une vue imprenable sur le massif du Mont-Blanc et la vallée de Chamonix.

2 domaines partagés avec Megève et Les Houches

Saint-Gervais donne accès à deux domaines skiables principaux : le domaine Saint-Gervais-Megève et le domaine du Prarion, relié aux Houches. Le domaine Saint-Gervais-Megève, accessible via le Bettex et Saint-Nicolas-de-Véroce, s'étend sur 115 pistes et offre une grande variété de parcours adaptés à tous les niveaux. La vue sur le massif du Mont-Blanc et la diversité des pistes en font une destination prisée des skieurs. De l'autre côté, le domaine du Prarion propose un ski familial dans un cadre forestier avec des pistes ensoleillées et une vue XXL sur le Mont-Blanc. Les amateurs de ski de fond et de randonnées en raquettes trouveront également des sentiers dédiés au Bettex et au Prarion.

Saint-Gervais : l'esprit arty au pied du mont Blanc

Au-delà du ski, Saint-Gervais se distingue par son esprit Arty et ses nombreuses activités culturelles. La station propose des œuvres d'art urbain accessibles à tous, notamment le parking 2KM3, entièrement recouvert de fresques réalisées par des street artistes de renom. Chaque fin décembre, la célèbre fête des Lumières de Lyon investit Saint-Gervais, illuminant le village de spectacles et d'installations artistiques.

Les amateurs de bien-être pourront se détendre au spa thermal rénové du Fayet, tandis que ceux en quête de découvertes culturelles apprécieront une visite de l'église baroque classée de Saint-Nicolas de Véroce ou une excursion à Megève pour explorer son centre aquatique et ses boutiques de luxe. Une excursion à Chamonix, la capitale de l'alpinisme, est également incontournable pour admirer son architecture du début du XXe siècle, son centre de bien-être QC Terme et les panoramas spectaculaires depuis l'aiguille du Midi.

 Nos coups de cœur à Saint-Gervais en hiver

- **Le centre historique et ses trésors architecturaux :**
  L'architecture art nouveau de Saint-Gervais, en particulier au Fayet et dans le centre-ville, reflète l'histoire thermale de la station et confère au village un charme unique.
- **Le ski avec vue sur le Mont-Blanc :** Que ce soit depuis les pistes du domaine Saint-Gervais-Megève ou celles du Prarion, la vue imprenable sur le Mont-Blanc rend chaque descente inoubliable.
- **Le tramway du Mont-Blanc et le domaine du Prarion :** Ce train à crémaillère mythique vous transporte à travers des paysages époustouflants jusqu'au domaine du Prarion, où vous pourrez profiter d'un ski familial avec une vue spectaculaire sur la vallée de Chamonix.

AVORIAZ
LA STATION PIETONNE D'ALTITUDE

Avoriaz, perchée à 1 800 mètres d'altitude au cœur du domaine des Portes du Soleil, est bien plus qu'une station de ski : c'est une œuvre d'art en montagne. Imaginée dans les années 60 par l'architecte Jacques Labro pour Pierre & Vacances, Avoriaz se distingue par son architecture organique et futuriste, où les bâtiments, recouverts de bois, semblent se fondre dans le paysage alpin. 100 % piétonne, la station offre une expérience unique où l'on se déplace en traîneau ou à pied dans des rues enneigées. Ce cadre exceptionnel, associé à l'ambiance conviviale et décontractée, fait d'Avoriaz une destination prisée par les familles et les amateurs de ski.

Une station sans voitures à 6h15 de Paris

Malgré son altitude, Avoriaz est facilement accessible depuis les grandes villes. À seulement 1h30 de Genève, 2h55 de Lyon et 6h15 de Paris, la station est bien reliée par la route et le rail. Les visiteurs peuvent se rendre à Cluses en TGV, puis continuer en bus ou en voiture jusqu'à la station. Pour une arrivée encore plus spectaculaire, le téléphérique des Prodains permet de rejoindre Avoriaz en 4 minutes depuis Morzine, ajoutant une touche d'aventure dès l'arrivée. Une fois sur place, les voitures sont laissées aux parkings situés à l'entrée, renforçant le caractère piéton et la sécurité de la station.

Un domaine franco-suisse XXL

Avoriaz bénéficie d'une situation idéale au sein des Portes du Soleil, l'un des plus grands domaines skiables au monde avec 600 km de pistes. La station elle-même offre 78 km de pistes variées, adaptées à tous les niveaux. Les débutants apprécieront les pistes vertes et bleues accessibles, tandis que les skieurs plus expérimentés se régaleront sur les pistes rouges et noires, notamment sur le secteur des Hauts-Forts. Les amateurs de freestyle trouveront leur bonheur dans l'un des cinq snowparks de la station, dont le célèbre Stash, un snowpark écoresponsable niché au cœur de la forêt. Pour ceux en quête de sensations fortes, le Mur suisse, une des pistes les plus raides au monde, est un défi incontournable.

Un paradis pour petits et grands skieurs

Avoriaz ne se limite pas au ski. La station propose une multitude d'activités pour tous les âges et toutes les envies. L'Aquariaz, un centre aqualudique tropical à 1 800 mètres d'altitude, est un lieu unique en son genre, avec sa rivière à courant faible, ses bains à bulles et ses toboggans. Pour une expérience plus authentique, essayez une balade en traîneau à chiens ou en raquettes, ou encore le parapente pour survoler les pistes enneigées. Les plus jeunes ne seront pas en reste avec le Village Igloo, les descentes en luge, ou encore les nombreuses animations proposées dans la station. Et pour une touche de culture, flânez dans les quartiers historiques comme celui des Dromonts, où l'histoire d'Avoriaz prend vie.

 Nos coups de cœur à Avoriaz en hiver

- **L'architecture unique :** Avoriaz est un véritable bijou architectural, où chaque bâtiment a été conçu pour s'intégrer harmonieusement dans le paysage. On parle d'une architecture mimétique avec la montagne et organique. L'utilisation du bois et les formes organiques confèrent à la station une identité inimitable.
- **L'Aquariaz :** Créée par Pierre & Vacances, Avoriaz est une station très familiale. En lieu et place des centres de bien-être classiques, la station propose un centre aqualudique unique en son genre, avec une ambiance tropicale... Un lieu original et inédit en montagne.
Le Mur suisse : Pour les skieurs chevronnés, cette piste mythique, l'une des plus raides au monde, offre un défi à la hauteur des plus grandes légendes du ski.

LES ARCS
L'OEUVRE DE PERRIAND ET SON GRAND DOMAINE

Les Arcs, perchée entre 1 600 et 2 120 mètres d'altitude, sont l'une des stations de ski les plus emblématiques des Alpes françaises. Conçue par Charlotte Perriand et l'Atelier d'Architecture en Montagne dans les années 60, cette station est un modèle d'urbanisme et d'architecture moderne en montagne. Répartis sur plusieurs sites distincts, Les Arcs offrent un accès direct à Paradiski, l'un des plus vastes domaines skiables du monde, avec 425 km de pistes. La station se distingue par ses bâtiments aux lignes épurées, souvent en bois, qui se fondent dans le paysage alpin, offrant une expérience de ski unique, face à de superbes couchers de soleil.

La plus accessible des grandes stations de ski

Les Arcs sont facilement accessibles depuis les grandes villes françaises et européennes. La station est reliée directement à Bourg-Saint-Maurice, situé à 820 mètres d'altitude, par un funiculaire qui rejoint Arc 1600 en moins de 10 minutes. D'Arc 1600, vous pouvez ensuite rejoindre les différents sites de la station en navette, rendant le voyage simple et pratique, même en haute saison. Pour ceux qui préfèrent la voiture, Les Arcs est à environ 6h30 de Paris, 2h30 de Lyon et 1h50 de Grenoble, via l'autoroute A43 jusqu'à Moûtiers, suivie d'une route panoramique jusqu'à Bourg-Saint-Maurice.

Un domaine skiable immense et varié

Le domaine skiable des Arcs est un paradis pour les amateurs de glisse, avec des pistes s'étendant de 1 200 à 3 226 mètres d'altitude. Relié à La Plagne par le téléphérique Vanoise Express, le domaine Paradiski offre une variété de pistes adaptées à tous les niveaux. Les débutants trouveront leur bonheur sur les pistes bleues d'Arc 1800, tandis que les skieurs expérimentés pourront s'attaquer aux pentes raides d'Arc 2000, comme la mythique piste de l'aiguille Rouge, qui offre 7 km de descente pour 2 000 mètres de dénivelé. Les amateurs de hors-piste apprécieront les itinéraires sauvages de Villaroger, où la nature reste intacte et préservée.

Et en dehors du ski ?

Si les Arcs sont plutôt orientés ski, la station propose diverses activités pour se détendre et se ressourcer. Les amateurs de bien-être pourront profiter des spas modernes comme le Deep Nature Spa à Arc 1950 ou le Nama Spring à Arc 1800, offrant des soins de haute qualité dans un cadre enchanteur. Pour ceux qui souhaitent explorer l'architecture unique des Arcs, des visites guidées sont organisées pour découvrir l'histoire et les particularités de cette station unique. Enfin, ne manquez pas de déguster le célèbre Beaufort, produit localement, à la fromagerie de Bourg-Saint-Maurice.

 ### Nos coups de cœur aux Arcs en hiver

- **L'architecture visionnaire d'une amoureuse de la montagne :** Les Arcs sont un véritable laboratoire d'architecture moderne en montagne, où chaque bâtiment raconte une histoire. Les créations de Charlotte Perriand offrent un cadre unique pour des vacances à la fois culturelles et sportives. Bien qu'imposants côté vallée, les bâtiments s'effacent côté piste, laissant place au paysage. Une œuvre majeure de Charlotte Perriand, grande amatrice de montagne.
- **L'aiguille Rouge :** Ce sommet panoramique du domaine offre une vue unique sur les Alpes et la réserve de Villaroger. Depuis le sommet, on peut dévaler la piste éponyme sur 2 000 mètres de dénivelé jusqu'au village de Villaroger.
- **Le domaine Paradiski :** Ce vaste domaine skiable, relié à La Plagne, est un terrain de jeu infini pour les skieurs, avec une variété de pistes adaptées à tous les niveaux et des panoramas à couper le souffle.

LES SAISIES / HAUTELUCE
VILLAGE CHIC ET SKI FAMILIAL

Au cœur du Beaufortain, Hauteluce est un village authentique et pittoresque, perché à 1 140 mètres d'altitude, qui séduit par son charme et son caractère préservé. Entouré de majestueuses montagnes, avec une vue imprenable sur le mont Blanc, Hauteluce offre un accès privilégié à deux grands domaines skiables : l'Espace Diamant et Les Contamines-Montjoie. Ce village est pour nous un des plus beaux des Alpes, où chalets en bois et église baroque composent un tableau harmonieux. À quelques kilomètres de là, Les Saisies, station de taille moyenne, se dresse sur un plateau ensoleillé, réputée pour son domaine nordique issu des Jeux olympiques d'Albertville de 1992. Ensemble, ces deux destinations offrent une expérience de ski à la fois riche et diversifiée, tout en restant fidèles à l'authenticité de la région.

Un accès rapide depuis Alberville

Hauteluce est facilement accessible depuis Albertville, situé à seulement 30 minutes de route, et bien desservi par l'autoroute A43 et une gare TGV. En voiture, il vous faudra environ 2 heures pour rejoindre le village depuis Lyon, 1h30 depuis Grenoble, et 6 heures depuis Paris. Les navettes régulières depuis Albertville facilitent encore plus l'accès à Hauteluce et aux stations environnantes, rendant votre arrivée simple et agréable.

Un ski varié entre Espace Diamant et Les Contamines-Montjoie

Hauteluce et Les Saisies offrent un accès direct à l'Espace Diamant, un domaine skiable de 192 km de pistes réparties sur plusieurs massifs du Beaufortain et du Val d'Arly. Ce domaine familial aux paysages ouverts est idéal pour un ski itinérant, avec des paysages variés et des pistes pour tous les niveaux. Les Saisies, situées à 1650 mètres d'altitude, sont particulièrement appréciées pour leur domaine nordique, l'un des plus beaux des Alpes, avec 120 km de pistes tracées en forêt et sur hauts plateaux. Le domaine d'Hauteluce-Les Contamines, accessible en quelques minutes depuis le village, offre 120 km de pistes supplémentaires, avec des descentes variées et une vue spectaculaire sur le Mont-Blanc. Ce domaine, plus technique, est parfait pour les skieurs à la recherche de pistes techniques et de grands paysages.

Et en dehors du ski ?

Hauteluce est un havre de paix où le ski n'est qu'une des options possibles. Le village est idéal pour les balades contemplatives ou les retrouvailles au calme. Au-dessus, la station des Saisies offre quelques animations : luge sur rails, domaine nordique, sentiers raquettes, espace bien-être et piscine...

Les amateurs de gastronomie trouveront leur bonheur dans les restaurants locaux, tels que le *Mont Blanc Restaurant & Goûter*, qui propose une pause gourmande étoilée au *Michelin*. Les Saisies, quant à elles, sont le lieu idéal pour découvrir les commerces locaux, les spas, et d'autres activités comme le biathlon ou les balades en traîneau.

 ### Nos coups de cœur à Hauteluce en hiver

- **Le charme authentique d'Hauteluce :** Ce village alpin, avec ses chalets en bois et son église baroque, offre une atmosphère paisible et authentique, idéale pour un séjour ressourçant.
- **Le domaine nordique des Saisies :** Avec ses 120 km de pistes issues des JO de 1992, ce domaine est un véritable paradis pour les amateurs de ski de fond, offrant des tracés variés dans un cadre naturel exceptionnel avec de jolies vues sur le mont Blanc.
- **Les vues sur le Mont-Blanc :** Que vous soyez sur les pistes des Contamines-Montjoie ou sur les hauteurs des Saisies, les panoramas sur le massif du Mont-Blanc sont à couper le souffle et constituent un cadre unique pour vos journées de ski.

BONNEVAL-SUR-ARC
LE VILLAGE D'ALTITUDE DE LA VANOISE

Perchée à 1 800 mètres d'altitude, Bonneval-sur-Arc est l'un des villages les plus emblématiques des Alpes françaises, classé parmi les *Plus Beaux Villages de France*. Ce village de haute montagne, situé au bout de la vallée de la Maurienne, offre une expérience unique alliant authenticité, tranquillité et paysages grandioses. Avec ses maisons en pierre, ses toits en lauze, et ses rues enneigées où l'on se déplace à pied, Bonneval semble figé dans le temps, préservant un charme d'antan qui séduit les amateurs de montagne en quête d'authenticité. Son domaine skiable, bien qu'avec seulement 32 km de pistes, offre un enneigement de qualité et des panoramas spectaculaires sur les sommets environnants.

Un village du bout du monde

Bonneval-sur-Arc est une destination isolée, mais accessible. Située à environ 2 heures de route de Chambéry et de Grenoble, 3 heures de Lyon, et 7 heures de Paris, la station est accessible par l'autoroute A43 jusqu'à Modane, suivie d'une route de montagne de 45 minutes longeant la vallée de l'Arc. En hiver, des navettes assurent la liaison entre la gare de Modane et le village, facilitant l'accès pour ceux qui préfèrent voyager en train. En été, le col de l'Iseran, à 2 764 mètres d'altitude, relie Bonneval à Val d'Isère, la plus haute route des Alpes.

Un domaine skiable à taille humaine

Le domaine skiable de Bonneval-sur-Arc s'étend de 1 800 à 3 000 mètres d'altitude, offrant 32 km de pistes variées adaptées à tous les niveaux. Bien que modeste en taille, le domaine séduit par son enneigement abondant et ses paysages grandioses. Les pistes sont majoritairement orientées nord et nord-ouest, garantissant une neige de qualité tout au long de la saison. Les skieurs débutants apprécieront les pistes du bas du domaine, tandis que les skieurs plus expérimentés pourront s'aventurer vers les hauteurs, notamment sur la piste rouge "Tétras Lyre", offrant une belle descente avec vue sur les montagnes. Pour les amateurs de ski de fond, Bonneval est relié au grand domaine nordique de Bessans, situé à 1 700 mètres d'altitude, avec 133 km de pistes tracées dans un cadre alpin exceptionnel.

Immersion dans la vraie montagne

Bonneval-sur-Arc est une destination où l'on vient autant pour le ski que pour l'immersion dans un cadre montagnard préservé. En hiver, ne manquez pas de monter au hameau de l'Écot, situé à 2040 mètres d'altitude, pour une balade en raquettes ou à pied. Ce hameau, figé dans le temps, offre une vue imprenable sur les sommets enneigés et constitue un objectif idéal pour des randonnées faciles en altitude.

Les plus aventureux pourront s'essayer à l'escalade sur glace ou au parapente, en contactant le bureau des guides local. Enfin, après une journée en montagne, quoi de mieux que de se réchauffer autour d'un vin chaud et d'une tarte aux myrtilles dans le salon de thé du village, où l'ambiance est aussi chaleureuse que le cadre.

 Nos coups de cœur à Bonneval en hiver

- **Le village de Bonneval-sur-Arc :** Véritable icône architecturale du village alpin, Bonneval dégage une ambiance figée dans le temps, avec ses maisons en pierre et toits en lauze. Une ambiance apaisante.
- **Le hameau de l'Écot :** Accessible en raquettes ou à pied, ce hameau situé à 2 040 mètres d'altitude offre une expérience unique, avec des panoramas exceptionnels et une ambiance hors du temps.
- **L'enneigement assuré :** Bien qu'à taille humaine, le domaine de Bonneval-sur-Arc offre des pistes variées dans un cadre de haute montagne spectaculaire, avec une neige de qualité assurée par l'altitude et les retours d'est. Ici, l'on skie de décembre à fin avril.

SERRE-CHEVALIER
LA "GRANDE" DES ALPES DU SUD

Située tout au nord des Alpes du Sud, Serre Chevalier est une station-village emblématique composée de quatre principaux sites : Briançon, Chantemerle, Villeneuve, et Monêtier-les-Bains. Avec son domaine skiable s'étendant jusqu'à 2 800 mètres d'altitude, Serre Chevalier offre une diversité de paysages et d'activités qui en font une destination prisée des amateurs de ski et de montagne.

Briançon, la plus haute ville de France, est classée au patrimoine mondial de l'UNESCO pour ses fortifications Vauban, tandis que Monêtier-les-Bains est réputé pour ses Grands Bains, un centre balnéo parmi les plus beaux des Alpes. Cette station combine harmonieusement l'authenticité des villages alpins avec les infrastructures modernes d'un grand domaine skiable.

Un accès privilégié au cœur des Alpes du Sud

Serre Chevalier est facilement accessible depuis Grenoble en 2 heures et Lyon ou Marseille en 3 heures. Pour ceux venant du nord, la route via l'autoroute A48 et le col du Lautaret offre un accès direct à la station. Depuis le sud, la station est reliée à Briançon par la vallée de la Durance. La gare de Briançon, desservie par des TGV directs depuis Paris, permet d'arriver en train, avec des navettes reliant les différents villages de la station. En été, l'accès par le col du Galibier offre une route spectaculaire à travers les Alpes. Que vous arriviez en voiture ou en train, Serre Chevalier reste une destination accessible et bien connectée.

Le premier domaine des Alpes du Sud

Avec 250 km de pistes, Serre Chevalier est le plus grand domaine skiable des Alpes du Sud. Le domaine s'étend de 1 200 à 2 800 mètres d'altitude, offrant des pistes adaptées à tous les niveaux. Les débutants apprécieront les pistes vertes et bleues de Chantemerle et Briançon, tandis que les skieurs plus expérimentés trouveront leur bonheur sur les pistes rouges et noires du secteur de Monêtier-les-Bains. Le domaine est également connu pour ses zones hors-piste variées et ses nombreux itinéraires en forêt de mélèzes. L'enneigement est assuré tout au long de la saison grâce à une orientation majoritairement nord et un vaste réseau de canons à neige, garantissant une neige de qualité même en période de redoux.

Serre Chevalier : entre ski et bien-être

Serre Chevalier est bien plus qu'une station de ski. Les visiteurs peuvent également y profiter des Grands Bains de Monêtier, un des plus beaux espaces balnéos des Alpes, où vous pourrez vous détendre après une journée sur les pistes. La vieille ville de Briançon mérite également une visite pour son patrimoine historique et son ambiance unique, surtout en hiver. Pour les amateurs de sensations fortes, des activités telles que le parapente, le speed riding ou le ski de randonnée sont disponibles. Les 146 km de pistes de ski nordique autour de Monêtier-les-Bains et du col du Lautaret offrent également une belle alternative au ski alpin.

 ### Nos coups de cœur à Serre Chevalier en hiver

- **Les Grands Bains de Monêtier :** Un espace balnéo exceptionnel pour se détendre dans un cadre montagnard, avec des piscines en eau thermale naturellement chaude.
- **La vieille ville de Briançon :** Classée au patrimoine mondial de l'UNESCO, cette cité Vauban offre une immersion dans l'histoire, avec des vues imprenables sur les montagnes environnantes.
- **Le domaine skiable :** Avec ses 250 km de pistes, Serre Chevalier offre une diversité de pistes et d'itinéraires hors-piste dans un cadre naturel spectaculaire, alliant enneigement de qualité et panoramas exceptionnels.

MONTGENEVRE
SKI FRANCO-ITALIEN & VILLAGE ENSOLEILLÉ

Perchée à 1 850 mètres d'altitude, Montgenèvre est une station-village des Alpes du Sud qui offre un cadre unique, à cheval entre la France et l'Italie. Célèbre pour son domaine skiable transfrontalier, Montgenèvre permet aux skieurs de découvrir deux pays en une seule journée. Avec ses chalets typiques, son ensoleillement généreux et son enneigement optimal, la station combine les avantages des Alpes du Nord et du Sud. Le domaine skiable de Montgenèvre fait partie de la *Voie Lactée* (*Via Lattea*), un des plus vastes domaines skiables d'Europe, offrant plus de 400 km de pistes reliées aux stations italiennes de Clavière, Sestrières, et Oulx. C'est une station historique, où l'on ressent encore l'empreinte de l'histoire transfrontalière des Alpes.

Un accès rapide par l'Italie

Montgenèvre est l'une des stations les plus accessibles depuis le nord de la France, particulièrement en passant par l'Italie et le tunnel du Fréjus, ce qui réduit sensiblement le temps de trajet. Située à 2h15 de Grenoble, 2h45 de Lyon et 7h de Paris, elle est facilement accessible en voiture, avec un accès direct depuis l'autoroute A43 jusqu'à Oulx en Italie, suivie d'une route panoramique de 25 minutes. La station est également bien desservie par les transports en commun, avec des TGV reliant Paris à Oulx, et des navettes régulières assurant la liaison entre la gare et Montgenèvre. Ce positionnement stratégique en fait une destination idéale pour les familles et les skieurs à la recherche d'un séjour à la montagne sans complications.

Un domaine skiable franco-italien unique

Le domaine skiable de Montgenèvre s'étend de 1 860 à 2 580 mètres d'altitude et offre 95 km de pistes variées pour tous les niveaux. Les débutants profiteront de l'espace réservé en front de neige, tandis que les skieurs expérimentés pourront s'aventurer sur les pistes rouges et noires des secteurs des Gondrans et du Chalvet. Pour ceux qui souhaitent explorer davantage, la liaison avec les stations italiennes via la *Voie Lactée* ouvre un terrain de jeu infini avec plus de 400 km de pistes. Le domaine est réputé pour la qualité de son enneigement, assuré par une exposition majoritairement nord et un réseau étendu de canons à neige. Les paysages y sont diversifiés, alternant entre forêts de mélèzes et larges panoramas sur les montagnes environnantes.

Ski, bien-être et focaccia

Au-delà du ski, Montgenèvre propose de nombreuses activités pour tous les goûts. Le centre de bien-être *Durancia*, situé au cœur de la station, est idéal pour se détendre après une journée sur les pistes, avec ses piscines, saunas, et soins spa. Les amateurs de glisse peuvent également essayer la luge sur rails, une attraction prisée des familles. Pour une sortie culturelle, la ville fortifiée de Briançon, classée au patrimoine mondial de l'UNESCO, se trouve à seulement 15 minutes de route. Côté italien, une excursion à Suse ou Turin permettra de découvrir l'art de vivre à l'italienne, entre gelato en terrasse et shopping dans les ruelles historiques.

 ## Nos coups de cœur à Montgenèvre en hiver

- **Le village de Montgenèvre :** Avec ses chalets traditionnels, son exposition sud et son ambiance conviviale, Montgenèvre combine charme alpin et modernité, le tout sous un ensoleillement généreux.
- **Le domaine skiable :** Perchée à 1 800 mètres d'altitude, Montgenèvre ouvre chaque année de novembre à fin avril, un record dans les Alpes du Sud. La station dispose également de deux beaux domaines nordiques.
- **L'Italie :** Aller chercher une pizza ou une focaccia skis aux pieds, ça vous tente ? À Montgenèvre, c'est possible… et ça change tout !

ART EN ALTITUDE

Flaine, avec son domaine entre 1600 et 2480 mètres d'altitude, est l'une des stations les plus emblématiques des Alpes françaises, connue pour son architecture brutaliste unique et son excellent enneigement. Conçue dans les années 1960 par l'architecte Marcel Breuer, élève du Bauhaus, Flaine est un exemple remarquable de station intégrée, où les bâtiments en béton brut cherchent à s'harmoniser avec le paysage minéral du site. La station fait partie du vaste domaine skiable du Grand Massif, offrant 265 km de pistes reliées aux stations voisines de Samoëns, Morillon, Les Carroz, et Sixt-Fer-à-Cheval. Flaine est une destination idéale pour les amateurs de ski recherchant un cadre à la fois artistique et fonctionnel, avec des descentes variées adaptées à tous les niveaux.

Un accès rapide et pratique

Flaine est facilement accessible depuis les grandes villes françaises et européennes. Située à seulement 30 minutes de Cluses, la station est reliée à l'autoroute A41, ce qui permet de rejoindre Flaine en 2h30 depuis Lyon, 1h20 depuis Annecy, et environ 6 heures depuis Paris. La gare de Cluses, desservie par des TGV, est connectée à la station par des navettes régulières tout au long de la saison hivernale. Pour ceux qui arrivent en avion, l'aéroport de Genève se trouve à environ 1h15 de route, offrant une autre option pratique pour accéder à cette station haut-savoyarde.

Un domaine skiable exceptionnel au cœur du Grand Massif

Le domaine skiable de Flaine est souvent l'un des plus enneigés des Alpes françaises grâce à son altitude et son exposition aux flux d'ouest. Avec 64 pistes totalisant 146 km, la station offre une grande variété de terrains pour tous les niveaux de skieurs. Les débutants apprécieront les larges pistes bleues, tandis que les skieurs plus expérimentés pourront s'attaquer aux pistes rouges et noires du secteur des Grandes Platières et de l'Aup de Véran. Les amateurs de longues descentes ne manqueront pas la piste bleue des Cascades, qui serpente sur 14 km à travers la réserve naturelle de Sixt-Fer-à-Cheval, offrant des vues spectaculaires sur la vallée du Giffre. Flaine est également réputée pour son domaine hors-piste, avec des itinéraires variés pour les skieurs aventureux.

Entre ski et culture

Flaine n'est pas seulement une destination de ski, c'est aussi un centre culturel unique en montagne. Les amateurs d'art pourront admirer les sculptures monumentales de Picasso, Dubuffet et Vasarely, installées dans la station. Flaine est également dotée d'un patrimoine architectural unique, avec des bâtiments conçus par Marcel Breuer, dont les formes géométriques en béton brut s'imposent simplement dans le site minéral de la station. Pour ceux qui cherchent à se détendre, le centre aquatique de l'hôtel Totem offre une piscine, un spa, et une salle de fitness dans un cadre contemporain. En hiver, des activités telles que la conduite sur glace, la luge, et le ski de randonnée viennent compléter l'offre pour des vacances actives et enrichissantes.

Nos coups de cœur à Flaine en hiver

- **L'architecture moderniste :** Flaine est une station unique en son genre, où l'architecture moderniste de Marcel Breuer se marie avec les paysages alpins. Chaque bâtiment est une œuvre d'art, offrant une expérience visuelle inégalée en montagne.
- **Le domaine skiable :** Avec ses 146 km de pistes et son enneigement exceptionnel, Flaine offre une qualité de ski remarquable, particulièrement pour les amateurs de ski itinérant grâce à la connexion avec le Grand Massif. On aime particulièrement la vue sur le massif du Mont-Blanc au sommet de la Grande Platière.
- **La piste des Cascades :** Cette piste bleue de 14 km, sans remontées mécaniques, vous emmène à travers des paysages sauvages et préservés, de la Tête des Grandes Platières jusqu'à Sixt-Fer-à-Cheval.

VAL THORENS
SKI INFINI & NEIGE GARANTIE

Perchée à 2 300 mètres d'altitude, Val Thorens est la station de ski la plus haute d'Europe, offrant une expérience de ski exceptionnelle dans un cadre de haute montagne. Située au cœur du domaine des 3 Vallées, le plus grand domaine skiable au monde avec 600 km de pistes reliées, Val Thorens est une destination de choix pour les amateurs de ski de tous niveaux. La station, initialement développée autour d'immeubles en copropriété, a récemment monté en gamme, proposant désormais une large gamme d'hébergements de luxe, de beaux hôtels, des restaurants gastronomiques et un Club Med rénové. Val Thorens se distingue par son enneigement exceptionnel, avec une saison de ski qui s'étend de novembre à mai, et ses infrastructures modernes qui garantissent une expérience de ski fluide et agréable.

Un accès direct à l'altitude

Plus haute station d'Europe, Val Thorens d'atteint avec une longue route de montagne passant par Les Menuires. Mais ce n'est pas la moins accessible des Alpes. La station se trouve à environ 1h30 de Chambéry, 1h50 de Grenoble et 2h30 de Lyon en voiture. Le trajet depuis Paris prend environ 7 heures. L'accès se fait principalement via l'autoroute A43 jusqu'à Moûtiers, suivie d'une montée sinueuse à travers la vallée des Belleville. Pour les skieurs à la journée, l'accès est beaucoup plus rapide par Orelle en Maurienne, où une télécabine vous propulse à 2 300 mètres en quelques minutes, réduisant ainsi le temps de trajet et les routes de montagne.

L'excellence du ski en France

Le domaine skiable de Val Thorens est l'un des plus variés et high tech des Alpes françaises. S'étendant de 1825 à 3186 mètres d'altitude, il offre 150 km de pistes réparties sur 88 pistes de tous niveaux. Les skieurs débutants peuvent profiter de nombreuses pistes vertes et bleues en front de neige, tandis que les plus expérimentés trouveront leur bonheur sur les pistes rouges et noires des secteurs de Boismint et de la Cime Caron. Le domaine est également réputé pour ses espaces ludiques, tels que le snowpark, le *Family Park*, sa piste de luge géante et les tyroliennes, offrant une expérience de ski enrichie par des activités variées. La qualité de la neige est assurée par l'altitude élevée de la station, un vaste réseau de canons à neige et le travail exceptionnel des pistes.

Sensations fortes, détente et ambiance festive

Bien que plutôt tournée vers le ski, Val Thorens propose également une gamme d'activités pour diversifier les plaisirs. Pour les amateurs de sensations fortes, la *tyrolienne Bee*, longue de 1 800 mètres, permet de survoler le domaine skiable à une hauteur de 65 mètres. Le circuit du trophée Andros offre la possibilité d'apprendre la conduite sur glace, tandis que la *Cosmojet*, la plus longue piste de luge de France, promet 45 minutes de descente fun et ludique. Pour ceux qui recherchent une expérience unique, Val Thorens propose même de la plongée sous glace au lac du Loup. Enfin, la station dispose de nombreux bars et restaurants où vous pourrez vous détendre après une journée intense sur les pistes. Sur les pistes, d'ailleurs, plusieurs restaurants festifs, comme *la Folie Douce*, invitent les skieurs à "s'ambiancer" même en journée.

 ## Nos coups de cœur à Val Thorens en hiver

- **Le domaine skiable XXL :** Avec ses 150 km de pistes et son accès direct aux 600 km des 3 Vallées, Val Thorens offre un terrain de jeu infini pour les skieurs de tous niveaux. Le must : la vue au sommet de la Cime Caron et la descente, ensuite, sur Orelle.
- **L'altitude et l'enneigement :** En tant que station la plus haute d'Europe, Val Thorens garantit un enneigement exceptionnel de novembre à mai, avec une qualité de neige rarement égalée et bien conservée tout au long de la saison.
- **Les activités hors du commun :** Tyrolienne, plongée sous glace, luge géante... Val Thorens se distingue par ses nombreuses activités originales, offrant des sensations fortes et des souvenirs inoubliables.

LA CLUSAZ
VILLAGE CHIC & GLISSE HAUT DE GAMME

La Clusaz, nichée à 1 040 mètres d'altitude dans le massif des Aravis, est l'une des stations les plus emblématiques de Haute-Savoie. Avec son clocher à bulbe et ses chalets en bois, ce village cossu dégage un charme authentique et typiquement savoyard. La station offre un domaine skiable varié, réparti sur cinq massifs, ainsi que deux superbes domaines nordiques. La Clusaz séduit par son cadre naturel préservé et ses infrastructures de qualité, alliant modernité et tradition. C'est une destination idéale pour les amateurs de ski alpin, de ski de fond, et de détente dans une ambiance chic et conviviale.

La station à seulement 30 minutes d'Annecy

Située à seulement 30 minutes d'Annecy, La Clusaz est l'une des stations les plus accessibles des Alpes françaises. Le trajet depuis Lyon prend environ 2 heures, et depuis Paris, il faut compter un peu plus de 6 heures. La station est bien desservie par les transports en commun, avec des TGV reliant Annecy au reste de la France, et des navettes régulières assurant la liaison entre Annecy, La Clusaz, et Le Grand-Bornand. Cette proximité avec les grands axes et la facilité d'accès en font une destination prisée des vacanciers à la recherche d'une station de ski facilement accessible sans sacrifier le charme et l'authenticité.

Un domaine skiable varié, apprécié par tous

Le domaine skiable de La Clusaz s'étend sur 125 km de pistes, réparties sur cinq massifs différents : Beauregard, Manigod, L'Étale, L'Aiguille, et Balme. Les skieurs débutants se dirigeront vers les pistes douces de Beauregard et Manigod, tandis que les plus expérimentés apprécieront les pentes plus raides de Balme et de L'Étale. Les secteurs de Balme, orientés plein nord, garantissent un enneigement optimal, tandis que Manigod et L'Étale, plus ensoleillés, offrent des descentes agréables sous le soleil. En plus du ski alpin, La Clusaz propose deux domaines nordiques remarquables aux Confins et à Beauregard, avec un total de 99 km de pistes de ski de fond tracées dans des paysages grandioses. À Beuregard notamment, on admire le massif du mont Blanc esthétiquement lové au creux du col des Aravis.

Shoping, bien-être et nature...

La Clusaz ne se limite pas au ski. La station propose une multitude d'activités hors des pistes. Les amateurs de culture pourront visiter le musée local dédié au ski et à l'agriculture, ou encore découvrir l'architecture traditionnelle des fermes et chalets en bois. Pour ceux qui recherchent détente et bien-être, plusieurs établissements hôteliers de la station proposent des spas haut de gamme, tels que le Spa Nuxe du *Saint Alban* ou le *Cristal Spa* de l'hôtel *Au Cœur du Village*. Enfin, les paysages enneigés des Aravis offrent un cadre idyllique pour des balades en raquettes, en ski de randonnée ou encore en ski joëring.

 Nos coups de cœur à La Clusaz en hiver

- **Le domaine skiable des Confins :** Un des plus beaux sites nordiques des Alpes, offrant 63 km de pistes dans un cadre grandiose, surplombé par les combes des Aravis. Idéal pour les amateurs de ski de fond et de raquettes.
- **L'authenticité du village :** Avec ses chalets en bois, ses petites boutiques et son ambiance chic et conviviale, La Clusaz incarne le charme des stations de ski de Haute-Savoie.
- **Les spas et centres de bien-être :** Après une journée sur les pistes, détendez-vous dans les spas de La Clusaz, où vous pourrez profiter d'un moment de relaxation dans un cadre enchanteur.

GRAND DOMAINE ET SKI PLEIN SUD

L'Alpe d'Huez, souvent surnommée "l'Île au Soleil", est l'une des stations les plus emblématiques des Alpes françaises. Située dans le massif de l'Oisans, à une altitude de 1 800 mètres, la station s'étend sur un plateau ensoleillé offrant une vue imprenable sur les sommets des Écrins. Connue pour son domaine skiable d'altitude exposé plein sud et ses infrastructures modernes, l'Alpe d'Huez est une destination prisée des amateurs de ski, mais aussi des passionnés de cyclisme, grâce à sa renommée mondiale liée aux étapes du Tour de France. Avec un domaine skiable de 250 km de pistes, relié aux stations voisines d'Oz-en-Oisans, Vaujany, Auris-en-Oisans et Villard Reculas, l'Alpe d'Huez propose une expérience de ski diversifiée, adaptée à tous les niveaux.

Une heure de route au sud-est de Grenoble

L'Alpe d'Huez est facilement accessible depuis les grandes villes environnantes, notamment Grenoble, située à seulement 1h15 de route. Pour ceux venant de Lyon, le trajet prend environ 2 heures, tandis que Paris est à environ 6 heures de route. L'accès se fait via l'autoroute A48 jusqu'à Grenoble, puis par une route sinueuse remontant les flancs de la vallée de l'Oisans jusqu'à la station. Pendant la saison hivernale, des navettes régulières relient Grenoble à l'Alpe d'Huez, offrant une alternative pratique et écologique à la voiture. L'altitude de la station garantit un enneigement optimal tout au long de la saison, généralement de fin novembre à fin avril.

Un domaine skiable ensoleillé et varié

Le domaine skiable de l'Alpe d'Huez est l'un des plus vastes et des plus variés des Alpes françaises. Il s'étend sur 250 km de pistes, culminant à 3 330 mètres au sommet du pic Blanc. Les skieurs de tous niveaux y trouveront leur bonheur, avec des pistes vertes et bleues idéales pour les débutants autour de la station, et des pistes rouges et noires pour les skieurs plus expérimentés sur les secteurs du pic Blanc et de Sarenne. La station est également célèbre pour sa piste noire "La Sarenne", la plus longue d'Europe, avec ses 16 km de descente offrant plus de 2 000 mètres de dénivelé. Pour les amateurs de sensations fortes, la piste du Tunnel, avec son mur impressionnant, est un défi incontournable. Le domaine bénéficie d'un ensoleillement exceptionnel grâce à son orientation plein sud, garantissant des journées de ski sous un ciel bleu éclatant.

Entre détente et multiactivités

Au-delà du ski, l'Alpe d'Huez propose une gamme d'activités variées pour tous les goûts. Le centre de bien-être *Spa des Alpes*, situé dans l'*hôtel des Grandes Rousses*, est un lieu de détente privilégié où vous pourrez vous ressourcer après une journée sur les pistes. La station offre également une patinoire extérieure, idéale pour des moments de plaisir en famille, ainsi que des sentiers de raquettes et de ski de fond pour ceux qui souhaitent explorer les paysages enneigés autrement. Les amateurs de sensations fortes pourront s'essayer à la luge sur rails, au parapente ou au ski joëring, une activité originale consistant à être tracté par un cheval.

Nos coups de cœur à L'Alpe d'Huez en hiver

- **La piste de Sarenne :** Plus longue piste noire d'Europe, avec 16 km de descente et 2 000 mètres de dénivelé, La Sarenne offre une expérience de ski inoubliable, dans un cadre spectaculaire. Un must !
- **Le domaine ensoleillé :** Avec son exposition plein sud, l'Alpe d'Huez garantit un ski lumineux sous un soleil éclatant. À 3300 mètres d'altitude, le pic Blanc offre l'un des plus beaux paysages des stations alpines.
- **Le Spa des Alpes :** Un espace de bien-être luxueux situé dans l'hôtel des Grandes Rousses, parfait pour se détendre pendant que les autres skient sur les pistes.

LE GRAND-BORNAND
LE VILLAGE DE HAUTE-SAVOIE

Le Grand Bornand, surnommé "le Grand Bô", est un village de Haute-Savoie qui allie charme authentique, grand domaine et un dynamisme événementiel particulier. Située entre Annecy, Chamonix et Genève, cette station-village est nichée au cœur du massif des Aravis, à 1000 mètres d'altitude, et est composée de plusieurs sites de ski, dont le Chinaillon et la vallée du Bouchet. Le Grand Bornand est un lieu idéal pour les familles et les amateurs de nature, offrant un cadre idyllique et une atmosphère chaleureuse typiquement savoyarde.

Une station proche d'Annecy

Le Grand Bornand est facilement accessible depuis Annecy, via Thônes et Saint-Jean-de-Sixt, ou depuis Bonneville par la vallée d'Entremont. L'été, on accède également au Chinaillon par le col de la Colombière. Bien que la station ne soit pas directement desservie par une ligne de chemin de fer, les gares d'Annecy, de Bonneville et de Cluses, situées à environ 30 km, permettent un accès relativement aisé grâce à des liaisons routières. Cette proximité avec des grands axes de communication en fait une destination prisée, à la fois pour des courts séjours et des vacances prolongées.

Un domaine skiable ensoleillé et varié

Le domaine skiable du Grand Bornand s'étend sur 90 km de pistes de ski alpin, réparties entre le village et le Chinaillon, à 1300 mètres d'altitude. Le domaine, avec ses 47 pistes variées, offre des possibilités pour tous les niveaux, des débutants aux skieurs confirmés. Le snowpark, classé parmi les 10 meilleurs de France, attire également les amateurs de freestyle.

Côté nordique, la vallée du Bouchet propose 74,5 km de pistes de ski de fond, et la station est un lieu de compétition de biathlon, accueillant des épreuves de la Coupe du Monde sur le stade Sylvie Becaert. Le Grand Bornand, c'est aussi 59 km de chemins de randonnée hivernale et 63 km de sentiers raquettes, permettant de découvrir la montagne sous un autre angle.

Entre détente et multiactivités

Outre le ski, Le Grand Bornand propose une riche palette d'activités et d'événements. Le village est animé tout au long de l'année avec des festivals comme "*Au Bonheur des Mômes*", une référence en Europe pour les spectacles jeune public, et "*Glisse en Cœur*", un événement caritatif mêlant ski et concerts. Pour les amateurs de patrimoine, *la Maison du Patrimoine Bornandin*, une ancienne ferme restaurée, offre un aperçu de la vie d'autrefois dans cette vallée.

Nos coups de cœur au Grand-Bornand en hiver

- **Le cadre, l'authenticité et les paysages :** Le Grand Bornand séduit par son architecture traditionnelle, ses chalets centenaires et ses paysages grandioses au pied de la chaîne des Aravis.
- **La facilité d'accès :** Sa proximité avec Annecy et les grandes villes environnantes en fait une station facilement accessible, idéale pour des courts séjours ou le ski journée.
- **Le dynamisme événementiel :** Le Grand Bornand est reconnu pour ses événements tout au long de l'année, qui contribuent à son ambiance conviviale et familiale.

VALLOIRE / VALMEINIER
VILLAGE, GRANS SKI & GRANDS PAYSAGES

Situées dans la vallée de la Maurienne, Valloire et Valmeinier forment ensemble le domaine skiable Galibier-Thabor, offrant 160 km de pistes variées pour tous les niveaux. Valloire, surnommée "la vallée d'or", est un village authentique de Savoie situé au pied du col du Galibier et entouré de paysages montagnards grandioses. Valmeinier, quant à elle, se divise en deux secteurs : Valmeinier 1500, le village traditionnel, et Valmeinier 1800, une station intégrée plus récente. Cette combinaison unique permet de profiter du charme et de l'authenticité de Valloire, tout en bénéficiant de l'aspect pratique et plus ensoleillé de Valmeinier.

Un accès facile par l'A43 et le TGV

Valloire et Valmeinier sont accessibles depuis la vallée de la Maurienne, via l'autoroute A43 jusqu'à Saint-Michel-de-Maurienne, puis en suivant la route départementale jusqu'au col du Télégraphe. L'accès à Valmeinier 1800 se fait en amont du col, sur une route bien entretenue et avec des navettes régulières la reliant à la gare de Saint-Michel de Maurienne. Valloire, située à 1 420 mètres d'altitude, est un peu plus éloignée, mais reste facilement accessible. Ces stations sont à environ 1h30 de Chambéry et 2h30 de Lyon, ce qui en fait des destinations prisées pour des séjours courts ou prolongés. Pour le ski journée, pas besoin de filer jusqu'à Valloire. L'accès par le télésiège de l'Armera à Valmeinier vous fera gagner une bonne quinzaine de minutes.

Un domaine skiable ensoleillé

Le domaine skiable de Valloire/Valmeinier s'étend de 1400 à 2730 mètres d'altitude, garantissant un enneigement de qualité tout au long de la saison. Le domaine est divisé en trois massifs principaux : la Sétaz, le Crey du Quart et le Gros Crey. Le Crey du Quart, partagé entre Valloire et Valmeinier, est particulièrement apprécié pour son ensoleillement et ses pistes variées adaptées à tous les niveaux. Les skieurs peuvent profiter de longues descentes panoramiques, comme la Combe Orsière, et de pistes en forêt sur le secteur de l'Arméra. Valmeinier 1800, grâce à sa conception récente, offre un accès direct aux pistes depuis les hébergements, facilitant ainsi l'expérience de ski.

Au pays des sculptures sur neige

Valloire est réputée pour son dynamisme événementiel, avec des festivals de sculpture sur glace et neige qui attirent chaque année des milliers de visiteurs. Le village offre également un riche patrimoine culturel, avec une église baroque et plusieurs chapelles disséminées dans les hameaux. Valmeinier, plus calme, se distingue par son ensoleillement généreux et ses paysages naturels préservés, parfaits pour les adeptes de ski en famille.

Vallon de l'Aiguille Noire à Valloire

 Nos coups de cœur

- **La vallée sauvage du Galibier :** Offrant des paysages à couper le souffle, cette vallée est un havre de paix pour les amoureux de la nature, idéale pour les balades en raquettes ou en ski de randonnée.
- **Le ski ensoleillé sur le Crey du Quart :** Ce secteur partagé entre Valloire et Valmeinier propose des pistes variées, avec un ensoleillement optimal et des panoramas exceptionnels sur les massifs environnants.
- **Le charme du village de Valloire :** Avec son ambiance chaleureuse, ses chalets traditionnels et ses ruelles animées, Valloire incarne le charme authentique des villages alpins.

NOTRE SELECTION D'ADRESSES
LE MEILLEUR DES ALPES

Plutôt ski pas cher ou vacances haut de gamme ? Plutôt meilleur rapport qualité prix ou meilleure vue ? Découvrez ici notre sélection d'adresses d'hôtels et résidences dans les Alpes.

Le top du top dans les Alpes
En hiver, les prix atteignent des sommets en altitude. Ainsi, il n'est pas rare, même en hôtel, de payer une nuit à plus de 500 €. En chalet, il n'y a pas de limites. Sans aller vers l'ultra-luxe, voici quelques adresses qui font tendent vers l'excellence :
- À Saint-Gervais, l'hôtel Armancette est une des plus belles adresses des Alpes. Cet hôtel 5 étoiles dispose d'une piscine avec vue sur les glaciers et un esprit chalet haut de gamme très apprécié.
- À Megève, les Fermes de Marie est un établissement emblématique qui conjugue un service hors pair, un esprit chalet et un spa parmi les plus beaux des Alpes
- À Megève toujours, mais aussi à Courchevel et Val Thorens, les hôtels Beaumier conjuguent service haut de gamme et identité bien marquée.
- À Chamonix, plusieurs plus que séculaires marquent le paysage urbain. C'est le cas notamment de l'hôtel Mont-Blanc et de son spa, situés en plein centre-ville, face au sommet de l'Europe.
- À l'Alpe d'Huez, l'hôtel des Grandes Rousses conjugue une décoration réussie entre modernité et décor alpin avec un spa aux soins "d'Alpinothérapie".

Les chambres au meilleur rapport qualité/prix
Entre m'entrée de gamme et le haut de gamme, certains hébergeurs proposent des hôtels et résidences aux prix sélectifs, mais aux prestations de qualité. C'est le cas des résidences CGH (au style traditionnel), MMV (les vacances en clubs), MGM (haut de gamme plutôt traditionnel), Alpine Résidences, Les Balcons et Terressens (résidences modernes). Positionnés sur le haut de gamme, mais pas luxe, tous ont la culture du service et de l'hospitalité, avec des établissements très appréciés.

L'hôtel L'Alpaga à Megève, groupe Beaumier

Côté hôtels, on prendra notamment la direction :
- de l'Héliopic à Chamonix, un grand chalet déco en plein centre-ville ;
- du Rocky Pop, aux Houches, mais aussi à Flaine et Grenoble, pour sa déco pop, son style décontracté et ses prix toujours abordables ;
- du Le Mil8, un hôtel 4 étoiles déco et chic situé au cœur d'Avoriaz ;
- de l'Alpen Valley, un chalet déco étoiles avec vue sur le massif du Mont-Blanc ;
- et du Grand Hôtel de Serre Chevalier, un nid contemporain au pied des pistes.

Le ski accessible à tous ?

Sincèrement, le ski est de plus en plus élitiste. Toutefois, une famille avec par exemple deux salaires de profs peut encore se payer une semaine au ski chaque année. Pour économiser, vous pouvez soit partir en avril, soit viser des petites stations. Côté hébergements, les logements entre particuliers (on en trouve sur Booking, Airbnb, Leboncoin et le site spécialisé Chalet Montagne) et quelques résidences proposent les meilleurs prix. Côté résidences, Goélia propose sans doute le meilleur rapport qualité/prix bas des Alpes. Les avis sont toujours positifs et les prix baissent très vite, notamment en fin de saison. On peut aussi tenter Odalys, Vacancéole et Pierre & Vacances mais avec des résultats et des prix plus variables.

NOS CONSEILS POUR BIEN PREPARER SON SEJOUR
LA TO DO LIST !

Partir en vacances au ski est toujours une aventure excitante, mais pour en profiter pleinement, une bonne préparation s'impose. Voici nos conseils pour bien organiser votre séjour et éviter les imprévus, afin que votre séjour à la montagne soit synonyme de détente et de plaisir.

Réservez tout à l'avance pour plus de sérénité

L'anticipation est la clé d'un séjour réussi. Réservez votre hébergement dès que possible, idéalement plusieurs mois à l'avance. Cela vous permettra non seulement de bénéficier des meilleures offres, mais aussi de choisir un logement parfaitement adapté à vos besoins. Les services de réservation ouvrent souvent dès le printemps pour la saison suivante, avec des réductions "premières minutes" à la clé.

Pensez également à réserver vos forfaits de ski et votre matériel en ligne. De nombreuses stations offrent des réductions pour les réservations effectuées en septembre. Quoi qu'il en soit, réserver en ligne permet d'éviter les longues files d'attente une fois sur place. N'oubliez pas de réserver vos cours de ski si vous en avez besoin. Enfin, vérifiez que votre véhicule est prêt pour la montagne : pneus neige, chaînes, et liquide de refroidissement sont indispensables pour affronter les routes enneigées.

Préparez votre valise avec soin

La préparation de la valise est souvent source de stress avant le départ. Pour éviter les oublis, faites une check-list complète. Prévoyez des vêtements adaptés au froid : veste et pantalon de ski, gants, bonnet, chaussettes épaisses, et sous-vêtements techniques. N'oubliez pas la crème solaire et le stick à lèvres, indispensables pour protéger votre peau des effets du soleil en altitude. Pensez aussi à emporter des après-skis et des vêtements décontractés pour vos soirées au chalet.

En plus de votre équipement personnel, préparez les documents nécessaires : bons d'échange pour les forfaits, cartes d'identité, et confirmations de réservation. Si vous partez en famille, veillez à ne rien oublier pour les enfants, comme les luges ou les accessoires de protection. Enfin, pensez à prévoir une petite trousse de premiers soins pour les petits bobos éventuels.

LIENS UTILES ET RESSOURCES
POUR ALLER PLUS LOIN

Pour aller plus loin, voici une sélection de sites à consulter tranquillement avant d'aller en vacances.

Alti-Mag
Charité bien ordonnée commence par soi-même. Alti-Mag est un magazine et un guide sur les Alpes et basé dans les Alpes. Le site, dont sont issues les infos de ce guide, présente les vacances et loisirs dans les Alpes tout au long de l'année. Retrouvez-y des conseils, des bons plans, des guides par destinations, mais aussi les prix des forfaits, les webcams et l'enneigement... Bref, une bible patiemment concoctée depuis Chambéry.

Actumontagne
Sur notre second site, Actumontagne, vous retrouverez les dernières infos et actualités des loisirs et vacances dans les Alpes. Si vous cherchez des nouveautés en altitude, c'est là que ça se passe !

Skiinfo.fr & Skipass.com
En matière de ski, deux sites dominent le secteur : Skiinfo.fr et Skipass.com. S'ils fournissent à peu près les mêmes services, Skipass excelle sur la météo et le côté communautaire, skiinfo est une bonne source sur les données neige.

Les Petits Montagnards
Acheter son matériel ou ses vêtements, c'est cher et polluant. Pour les skis, on sait tous où les louer (le marché est dominé par Skiset, Intersport et Sport 2000). Pour les vêtements, Les Petits Montagnards vous les louent par système de livreurs. Un service basé en Haute-Savoie qui mérite un franc succès !

Ski Express et Ski Planet
Plusieurs comparateurs et agences de voyages en ligne opèrent sur les Alpes. Ces deux-là fournissent un service de qualité et peuvent vous permettre de dénicher le prix que vous cherchez. Ski Express est un comparateur de séjour au ski. Les offres affichées le sont parce que l'hébergeur paye pour être là. Ski Planet est une agence en ligne basée en Savoie qui vend des séjours en été et en hiver en stations de ski.

Chalet Montagne
Cet annuaire de locations de vacances en montage aujourd'hui concurrencé par les Bookings et Airbnb résiste du fait de son offre unique de locations et chalets de grande capacité. Certains hébergeurs ne sont qu'ici ! Jetez-y un œil !

TOUTES LES STATIONS DE SKI DES ALPES
LA LISTE COMPLETE

Haute-Savoie

Station	type	altitude station	sommet des pistes
Abondance	petite station	930 m	1698 m
Avoriaz 1800	très grande station	1800 m	2276 m
Bellevaux - Hirmentaz	petite station	1100 m	1610 m
Bernex	petite station	950 m	1900 m
Chamonix Mont-Blanc	très grande station	1035 m	3290 m
Châtel	grande station	1200 m	2200 m
Combloux	station moyenne	1020 m	1930 m
Cordon	petite station	870 m	1540 m
Flaine	grande station	1600 m	2480 m
La Chapelle d'Abondance	station moyenne	1000 m	1800 m
La Clusaz	grande station	1040 m	2470 m
Le Grand Bornand	grande station	1300 m	2100 m
Le Reposoir	petite station	980 m	1600 m
Le Semnoz	petite station	1480 m	1702 m
Les Brasses	station moyenne	880 m	1500 m
Les Carroz d'Araches	grande station	1140 m	2480 m
Les Contamines Montjoie	grande station	1160 m	2440 m
Les Gets	grande station	1200 m	2200 m
Les Habères	petite station	950 m	1600 m
Les Houches	grande station	1000 m	1890 m
Manigod	petite station	1500 m	1650 m
Megève	très grande station	1100 m	2370 m
Mont-Saxonnex	petite station	1050 m	1570 m
Morillon	grande station	680 m	2480 m
Morzine	grande station	950 m	2466 m
Passy Plaine Joux	petite station	1340 m	1730 m
Praz de Lys Sommand	grande station	1450 m	1950 m
Praz sur Arly	grande station	1020 m	2050 m
Saint-Gervais	grande station	800 m	2370 m
Espace Roc d'Enfer	petite station	950 m	1800 m
Samoëns	grande station	700 m	2480 m
Sixt-Fer-à-Cheval	petite station	800 m	2480 m
Thollon les Mémises	petite station	1000 m	1870 m
Brison Solaison	site nordique	1500 m	1500 m
Le Salève	site nordique	1175 m	1375 m
Les Glières	site nordique	1400 m	1550 m
Lullin	petite station	1080 m	1150 m
Montmin	petite station	1100 m	1200 m
Montriond	petite station	1220 m	2276 m
Romme sur Cluses	petite station	1200 m	1550 m
Saint Jean de Sixt	petite station	972 m	989 m
Vallorcine	petite station	1260 m	2250 m

Savoie

Station	type	altitude station	sommet des pistes
Aillons - station	station moyenne	900 m	1543 m
Aillons-Margeriaz	station moyenne	900 m	1845 m
Les Albiez	station moyenne	1500 m	2000 m
Arêches Beaufort	station moyenne	1200 m	2300 m
Aussois	station moyenne	1480 m	2680 m
Bonneval sur Arc	petite station	1800 m	3000 m
Courchevel	très grande station	1500 m	3230 m
Crest Voland	station moyenne	1210 m	2050 m
Flumet	petite station	910 m	3230 m
Savoie Grand Revard	petite station	1360 m	1550 m
La Giettaz	station moyenne	1200 m	1930 m
La Norma	station moyenne	1370 m	2720 m
La Plagne	très grande station	1600 m	3226 m
La Rosière	grande station	1850 m	2790 m
La Toussuire	grande station	1700 m	2580 m
Le Corbier	grande station	1550 m	2580 m
Le Désert d'Entremont	petite station	1200 m	1440 m
Le Mont Granier	petite station	1000 m	1420 m
Les Arcs	très grande station	1600 m	3226 m
Les Bottières	petite station	1280 m	2580 m
Les Karellis	station moyenne	1600 m	2480 m
Les Menuires	très grande station	1500 m	3230 m
Les Saisies	grande station	1200 m	2050 m
Méribel	très grande station	1450 m	3230 m
ND de Bellecombe	grande station	1130 m	2050 m
Orelle	grande station	900 m	3230 m
Peisey Vallandry	très grande station	1600 m	3226 m
Pralognan la Vanoise	station moyenne	1410 m	2350 m
Saint-Colomban des V	petite station	1100 m	2580 m
Saint-François Longchamp	grande station	1400 m	2500 m
Saint-Jean d'Arves	petite station	1550 m	2580 m
Saint-Martin de Belleville	très grande station	1400 m	3230 m
Saint-Sorlin d'Arves	grande station	1530 m	2580 m
Sainte-Foy Tarentaise	petite station	1550 m	2620 m
Tignes	très grande station	2100 m	3450 m
Val Cenis	grande station	1400 m	2750 m
Val d'Isère	très grande station	1850 m	3450 m
Val Thorens	très grande station	2300 m	3230 m
Valfréjus	station moyenne	1550 m	2720 m
Valloire	grande station	1430 m	2730 m
Valmeinier	grande station	1800 m	2730 m
Valmorel	grande station	1350 m	2500 m
Bessans	petite station	1730 m	1840 m
Bramans	petite station	1250 m	1800 m
Champagny en Vanoise	très grande station	1200 m	3226 m
Hauteluce - Les Saisies	grande station	1200 m	2050 m
Le Grand Coin	site nordique	1350 m	1620 m
Montchavin les Coches	très grande station	1200 m	3226 m
Nâves	site nordique	1316 m	2000 m
Notre Dame du Pré	petite station	1267 m	1507 m
Val de Tamié	site nordique	850 m	900 m

Isère

Station	type	altitude station	sommet des pistes
Alpe d'Huez	très grande station	1860 m	3330 m
Alpe du Grand-Serre	station moyenne	1400 m	2160 m
Auris en Oisans	grande station	1600 m	3330 m
Autrans-Méaudre	petite station	1040 m	1610 m
Chamrousse	grande station	1650 m	2250 m
Col de Porte	petite station	1310 m	1425 m
Gresse en Vercors	petite station	1200 m	1760 m
Lans en Vercors	petite station	1020 m	1807 m
Le Collet d'Allevard	station moyenne	1450 m	2080 m
Les 2 Alpes	très grande station	1650 m	3500 m
Les 7 Laux	grande station	1350 m	2370 m
Oz en Oisans	grande station	1350 m	3330 m
Col de Marcieu	petite station	1050 m	1300 m
Saint-Pierre de Ch.	station moyenne	900 m	1750 m
Vaujany	grande station	1250 m	3330 m
Villard de Lans	grande station	1000 m	2050 m
Villard-Reculas	petite station	1450 m	3330 m
Chichilianne Mont Aiguille	site nordique	1050 m	1200 m
Col d'Ornon	petite station	1330 m	1850 m
Col du Barioz	petite station	1360 m	1700 m
La Ruchère	site nordique	1150 m	1450 m
Le Sappey en Chartreuse	petite station	975 m	1370 m
Les Coulmes	site nordique	1280 m	1420 m
Saint-Hilaire du Touvet	petite station	960 m	1330 m

Drôme

Station	type	altitude station	sommet des pistes
Col de Rousset	petite station	1250 m	1685 m
Font d'Urle	petite station	1270 m	1540 m
Lus la Jarjatte	petite station	1180 m	1520 m
Herbouilly	site nordique	1250 m	1450 m
Le Grand Echaillon	site nordique	1200 m	1350 m

Hautes-Alpes

Station	type	altitude station	sommet des pistes
Abries	petite station	1550 m	2400 m
Ancelle	petite station	1340 m	1800 m
Arvieux - Izoard	petite station	1550 m	2105 m
Ceillac	petite station	1630 m	2450 m
Crévoux	petite station	1615 m	2550 m
Dévoluy	grande station	1500 m	2500 m
La Grave	petite station	1500 m	3540 m
Laye en Champsaur	petite station	1300 m	1900 m
Le Chazelet	petite station	1740 m	2170 m
Les Orres	grande station	1650 m	2700 m
Molines	station moyenne	1750 m	2810 m
Montgenèvre	grande station	1850 m	2590 m
Névache	petite station	1600 m	1730 m
Orcières 1850	grande station	1830 m	2725 m
Pelvoux Vallouise	petite station	1250 m	2230 m
Puy Saint-Vincent	grande station	1400 m	2660 m
Réallon	petite station	1510 m	2110 m
Risoul	grande station	1870 m	2740 m
Saint-Léger les Mélèzes	petite station	1250 m	1980 m
Saint-Michel de Chaillol	petite station	1450 m	1900 m
Saint-Véran	petite station	2040 m	2810 m
Nriançon - Serre-Chevalier	très grande station	1350 m	2770 m
Vars	grande station	1650 m	2740 m
Cervières - Izoard	site nordique	1620 m	2360 m
Freissinières	site nordique	1150 m	1200 m
La Draye	site nordique	1450 m	1700 m
Serre-Eyraud	petite station	1460 m	1900 m
Valgaudemar	site nordique	1100 m	1190 m

Alpes de Haute-Provence

Station	type	altitude station	sommet des pistes
Chabanon	petite station	1530 m	2030 m
Le Grand Puy	petite station	1350 m	1750 m
Le Sauze	station moyenne	1370 m	2380 m
Montclar	station moyenne	1350 m	2460 m
Pra loup	grande station	1630 m	2570 m
Sainte-Anne la Condamine	petite station	1830 m	2400 m
Val d'Allos - La Foux	station moyenne	1800 m	2570 m
Val d'Allos - le Seignus	petite station	1480 m	2420 m
La Colle Saint Michel	site nordique	1430 m	1560 m
Larche - Val d'Oronaye	petite station	1700 m	2000 m
Montagne de Lure	petite station	1584 m	1639 m
Ratery	site nordique	1700 m	1790 m
Saint Paul sur Ubaye	site nordique	1400 m	1600 m
Soleilhas - Vauplane	petite station	1600 m	1800 m

Alpes Maritimes

Station	type	altitude station	sommet des pistes
Auron	grande station	1600 m	2450 m
Beuil les Launes	station moyenne	1550 m	2066 m
Gréolière les Neiges	petite station	1400 m	1760 m
Isola 2000	grande station	2000 m	2603 m
Roubion les Buisses	petite station	1410 m	1920 m
Valberg	station moyenne	1550 m	2066 m
La Colmiane	petite station	1500 m	1780 m
Le Boréon	site nordique	1500 m	1800 m
Val Pelens	petite station	1600 m	1700 m

Vaucluse

Station	type	altitude station	sommet des pistes
Mont Serein	petite station	1380 m	1800 m
Chalet Reynard	petite station	1440 m	1620 m

Crédits photos : Aurélien Antoine, QC Terme, Adobe Stock (smallredgirl, pierrick, beatrice prèv, Elisa Locci, Harry Green, Mathieu, Manu Reyboz, Maxime, regesha, rcaucino, Alexander, philippe_murtas, Julia Britvich, Christophe, ChrisChips, Igors, Eric, libllul, seb hovaguimian, regesha, savoieleysse, jef 77, L.Bouvier, reivax38000